KB273762

있는 그대로 이집트

나의 첫 다문화 수업 20

있는 그대로 이집트

한상용 지음

초록비책공방

이집트의 어제와 오늘을 잇는
가장 친절한 입문서

김영소 전 이집트 대사

이 책은 이집트 입문서로서 더할 나위 없이 제격이다. 마치 '책으로 구현된 유튜브'라 해도 손색이 없을 만큼 내용이 흥미진진하고 읽힘이 매끄럽다.

피라미드와 스핑크스, 나일강과 수에즈 운하, 룩소르와 아스완, 파라오와 람세스, 그리고 모세의 시나이산과 십계명, 홍해, 클레오파트라와 알렉산드리아, 나아가 카이로 선언과 중동전쟁, 아랍의 봄에 이르기까지 이집트 하면 떠오르는 굵직한 소재들을 총망라하고 있다. 이집트에 대한 상식을 확인하고 체계적으로 정리하는 데 이보다 더 좋은 길잡이는 없을 것이다.

2012년 초, 주이집트 대사로 부임할 당시 어느 고참 외교관 선배께서 내게 축하의 인사를 건네며 하신 말씀이 떠오른다. '전 세계 국가 중 나라 이름 자체가 학문의 명칭으로 쓰이는 유일한 나라가 바로 이집트일 것'이라며 이른바 이집톨로

지 *Egyptology*(이집트학)의 나라에서 많은 것을 겪고 공부하고 오라고 격려해 주셨다.

하지만 이 책에서도 언급되었듯 내가 경험한 이집트는 '알 것 같으면서도 여전히 모르는 것투성이'인 곳이었다. 개인적인 생활이나 공관의 규모는 즐겁고 만족스러웠으나 이집트를 둘러싼 전반적인 안팎의 환경은 늘 괴로움과 기대가 교차하는 이중적인 느낌으로 다가왔다. 지역의 요충지로서 강대국이 될 잠재력이 충분해 보이면서도 여전히 많은 원조를 필요로 하는 '아직은 안타까운 국가'라는 사실은 부인할 수 없는 이집트의 현주소이기도 하다.

저자와는 내가 이집트 대사로 근무하던 시절 인연을 맺었다. 그는 이집트를 포함한 중동 지역에 대해 남다른 애착과 깊은 관심을 보였던 기자로 내 기억 속에 남아 있다.

부디 많은 독자가 이 저서를 참조하여 평생에 적어도 한 번은 이집트를 방문해 견문을 넓힐 수 있기를 진심으로 권한다.

예측할 수 없지만 매력적인 나일강의 나라

2018년 1월 초, 6년 반의 카이로 특파원 임기를 마치고 귀국을 앞두고 있었던 마지막 밤. 나는 가족과 함께 굽이진 나일강이 보이는 호텔에 머물렀다. 노을에 물든 강물은 언제나처럼 유유히 흘렀다. 그 잔잔한 물결은 이집트를 떠나는 아쉬움을 달래기에 충분했다.

지금은 본업인 기자로서 바쁜 나날을 보내고 있지만 "나일강 물을 한 번이라도 마시면 반드시 이집트로 다시 오게 된다"는 현지 속담처럼 지금도 순간순간 그 나라가 떠오른다. 한국에 다시 정착한 지 어느덧 7년이 흘렀음에도 이집트에서 가족과 쌓은 추억과 특파원으로 겪었던 경험을 되살리고 관련 서적을 뒤척이니 금세 이집트에 다시 빠져들었다.

이집트는 내게 제2의 고향 같은 곳이다. 단지 오래 머물렀기 때문은 아니다. 이슬람과 아랍 문화, 나일강에서 피라미드까지 이어지는 수천 년의 역사 속에서 나는 새로운 세계를 경험하고 배웠다. 그 나라의 삶과 의식, 행동 방식에 관심을 갖게 되면서 지금도 이집트에 관한 뉴스가 뜨면 자연스럽게 눈길이 간다.

이집트는 안 되는 것도 없지만 그렇다고 순조롭게 진행되는 것도 없는 나라이다. 부임 초반에는 무엇이든 할 수 있을 것만 같았다. 첫 특파원으로서 이집트를 포함한 중동의 역사를 나만의 기록으로 남기겠다는 자부심과 자신감이 샘솟았다. 하지만 이집트는 항상 한 발 앞에서 예상을 빗나간 경우가 많았다. 나일강변을 따라 천천히 운전했는데도 외국인이라는 이유만으로 느닷없이 속도 위반 딱지를 떼이는 경험이라고나 할까. 뜻하지 않은 문화적·언어적 차이, 예측 불가능한 사회 규범, 외국인에 대한 이중적인 시선은 그저 일상의 일부였다. 이집트 특유의 사회 문화, 종교, 문화가 존재하고 있는데 그것을 간과한 탓도 있었을 것이다.

그러나 이집트 고유의 사회 문화와 낯선 삶 덕분에 이집트에 대해 많은 고민을 하고 연구도 할 수 있었다. '이집트는 과연 어떤 나라인가'를 주제로 한국인은 물론 외국인들과 토론도 자주 벌였다. 아랍어도 2년 반 넘게 배우고 이집트 역사와 정치, 문화를 꾸준히 접하면서 그 배경과 이면을 서서히 알게 됐다. 그러면서 이집트를, 더 나아가 이슬람권, 중동을 더 깊이 이해하게 됐다. 다양한 세계가 존재한다는 시각도 갖게 됐다.

이집트는 여전히 신비롭다. 세계 어디서도 찾기 어려운 인류 문명의 보고이면서 다양한 문명의 교착지다. 고대부터 지금에 이르기까지 7,000년에 걸쳐 있는 실증의 역사를 보유했다. 고대와 현대가 뒤섞인 이곳은 지금도 중동 역사의 핵심을 관통하는 나라다.

이집트에서 태동한 고대 문명의 역사는 약 3,000년에 걸쳐 있다. 파라오 왕조는 30여 개, 신과 같은 존재의 파라오도 300여 명에 이른다. 한반도에 남북한이 있듯 과거 이집트도 남과 북으로 나뉜 때가 있었다. 기원전 3100년, 파라오로 불리는 메네스왕이 남북 이집트를 처음 통일하고 나서 알렉산더 대왕이 이집트를 정복할 때까지 이곳은 고대 문명의 꽃을 피웠다.

격동의 현대사를 살아가는 이집트는 과도기를 겪고 있다. 2011년 중동에서는 역사상 처음으로 민주주의 바람이 휘몰아친 '아랍의 봄'을 맞으며 진정한 민주주의 기회를 얻기도 했다. 하지만 다시 군부 중심으로 회귀한 정치 제도는 개인적으로 아쉬움이 큰 대목이다.

웅장한 피라미드와 스핑크스, 화려한 신전을 포함한 수많은 세계적 문화유산과 수에즈 운하로 막대한 외화를 벌어들일 수 있는데도 여전히 궁핍한 민생 경제를 보면 안타까운 마음이 든다. 분쟁이 끊이지 않는 중동의 현대사에도 휘말려 있다.

그래도 이집트는 여전히 흥미로운 나라다. 호기심과 끈기를 갖고 그 나라를 알고자 한다면 이해의 폭이 넓어진다는 사실만은 분명하다. '중동을 알면 세계를 알 수 있고 이집트를 알면 중동을 이해할 수 있다'는 말이 있다. 이집트란 나라를 알면 알수록, 그 나라의 정치, 사회, 종교, 문화를 이해하면 할수록 중동이 더 쉽게, 친근하게 다가올 것이다.

이집트는 여전히 희망을 품고 있는 나라다. 이집트인 특유의 낙천적 성격과 미래를 낙관하는 긍정적 태도로 이집트 사회는 지금도 활기가 넘친다. 젊은 청년들이 인구 절대다수를 차지하므로 앞으로의 미래 잠재력도 무궁무진하다. 아랍권 중추 국가로서의 역할도 여전하다. 여기에다 1억 명이 넘는 인구, 유럽과 아프리카, 아시아를 잇는 지정학적 요충지, 나일강 하류의 비옥한 삼각주는 물론 천연가스 같은 자원도 갖고 있다.

무엇이든 자세히 알아갈수록 새롭게 보이는 것들이 있다. 이 책이 이집트의 속살은 물론, 중동의 역사, 인류의 역사와 문화를 느끼고 체험하는 여정의 길잡이가 되길 바란다. 이집트가 없었다면 지금처럼 찬란한 문명의 시대도 없었을 것이다.

차 례

1부 앗 살람 이집트

2부 이집트 사람들의 이모저모

퀴즈로 만나는
이집트

퀴즈를 통해 이집트를 먼저 만나 보자.
정답을 맞히지 못하더라도 퀴즈를 풀다 보면
이집트에 대한 호기심이 쑥쑥!

Q1.

피라미드는 무엇일까?

❶ 외계인이 지은 건축물   ❷ 신전
❸ 거대한 탑   ❹ 파라오 무덤

Answer. ❹ 파라오 무덤

피라미드는 고대 이집트 고왕국 시대 파라오의 무덤이자 죽은 자들을 저승으로 인도하는 기념비적 건축물이다. 가장 유명한 피라미드는 3개 피라미드로 구성된 기자의 대피라미드이다. 그중 가장 높은 쿠푸 왕 피라미드 높이는 146m이다. 현대식 빌딩과 비교하면 1층이 대략 3m이니 50층 정도의 아파트로 생각하면 된다. 1978년 지어진 소공동 롯데호텔(38층/138m)보다 높고 1985년 250m 높이로 들어선 63빌딩보다는 작다. 현재 국내에서 가장 높은 빌딩은 롯데타워로 554m(123층)이다.

● 이집트 피라미드

Q2.

이집트를 만든 나일강은 얼마나 길까?

❶ 500km(서울~부산 거리) ❷ 3,500km
❸ 6,700km ❹ 9,800km ❺ 12,500km

Answer. ❸ 6,700km

나일강 전체 길이는 6,700km. 아프리카 대륙에서 나일강 발원지가 두 곳인데 좀 더 가까운 발원지를 기점으로 하면 6,400km이다.

● 나일강

Q3.

고대 이집트 시절 신적 존재였던
파라오는 몇 명이었나?

❶ 50명　　❷ 100명
❸ 300명　　❹ 500명

Answer. ❸ 300명

이집트 파라오의 정확한 수는 역사적 기록이 불완전하고 누락 가능성도 있어 단정해 답하기 어렵다. 이집트 학자들 사이에서도 의견이 갈리고 있지만 단 몇 년을 통치한 파라오까지 합할 경우 최대 300명 정도로 추정된다. 고대 이집트 역사는 대략 30개 왕조로 구분되며 기원전 3100년부터 기원전 30년까지로 간주한다. 마지막 파라오는 영화로도 널리 알려진 클레오파트라이다.

● 파라오 조각상

Q4.

이집트 대통령은 모두 군인 출신이다?

❶ 그렇다.   ❷ 아니다.

Answer. ❷ 아니다

역대 6명의 이집트 대통령 가운데 5대 대통령인 무함마드 무르시 대통령은 이슬람 정당인 무슬림형제단 출신이다. 그 외에는 모두 이집트 군부 출신이다.

● 1대 대통령
무함마드 나기브

● 2대 대통령
가말 압델 나세르

● 3대 대통령
안와르 사다트

● 4대 대통령
호스니 무바라크

● 5대 대통령
무함마드 무르시

● 6대 대통령
압델 파타 알시시

Q5.

이집트 출신
노벨상 수상자는 몇 명일까?

❶ 없음 ❷ 2명 ❸ 3명 ❹ 4명 ❺ 5명

Answer. ❹ 4명

이집트 출신 노벨상 수상자는 모두 4명이다. 나기브 마흐푸즈는 1988년 아랍권 최초로 노벨문학상을 받았다. 1999년에는 아흐메드 즈웨일이 '펨토초'라는 분자 관련 분야를 개척한 공로를 인정받아 노벨화학상을 받았다. 이집트에서 태어났지만 나중에 미국으로 이민을 갔다. 과거 국제원자력기구^{IAEA} 사무총장인 모하메드 엘바라데이는 2005년 IAEA와 공동으로 노벨평화상을 받았다. 이집트 전 대통령 안와르 사다트는 1978년 대통령 시절 이스라엘의 메나헴 베긴 총리와 공동으로 노벨평화상을 받았다.

● 나기브 마흐푸즈

● 아흐메드 즈웨일

● 모하메드 엘바라데이

● 안와르 사다트 대통령

1부

앗 살람
이집트

"이집트는 세상의 어머니다."

'이집트는 위대한 문명의 중심지'라는 아랍어 속담으로 이집트를 찬양할 때 쓰는 표현이다.
이집트를 상징하는 존재를 '여신'으로 표현하는 경우가 많은데,
고대 이집트 역사 기록에도 남아 있다.

이집트는 사막 국가가 아니다

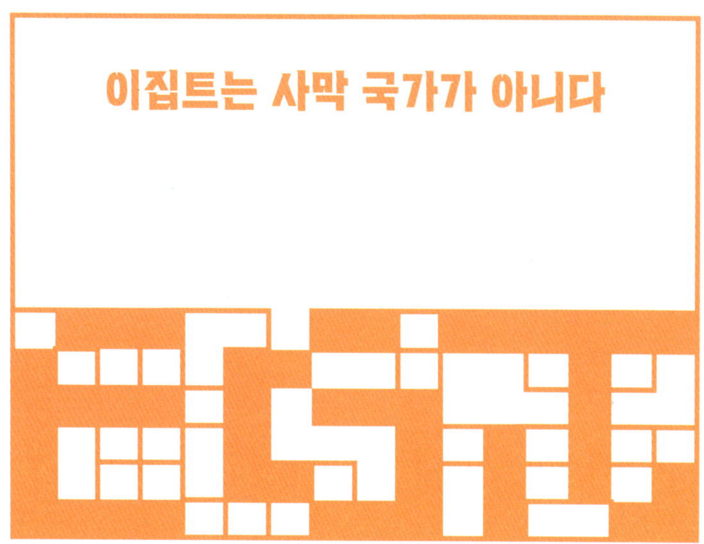

사막의 나라? 천만의 말씀

국토 대부분이 사막이기는 해도 중동은 물론 전 세계 어느 국가도 이집트를 사막 국가라 부르지 않는다. 이집트의 젖줄인 나일강이 국토의 중심부를 흐르며 대지를 적시고 있기 때문이다. 나일강 지류가 만든 광활한 삼각지도 있다. 이 일대의 땅은 워낙 비옥한 탓에 고대 시대부터 '세계 최대의 곡창지대'로 불렸다.

이집트 위쪽과 오른쪽에는 바다도 있다. 지중해와 홍해를 잇는 수에즈 운하도 존재한다. 바다와 사막이 적들의 침략을 막아주고 나일강이 선물한 비옥한 땅과 안정적인 수자원까지 확보하고 있다. 전 세계에서 가장 먼저 찬란한 고대 문명이 태동할 천혜의 자연조건을 갖춘 셈이다. 외국에 수출할 정도의 천연가스도 보유하고 있다. 인류 문명을 잉태할 만한 지리적, 자연적, 문화적 보고를 지닌 나라가 바로 이집트이다.

이집트의 진짜 이름

한국의 공식 명칭이 '대한민국'이듯 이집트도 공식 명칭을 갖고 있다. 바로 '이집트아랍공화국*Arab Republic of Egypt*'이다. 아랍어를 공식 언어로 사용하며 이집트인이 주권을 가진 공화국이라는 의미다.

아랍어로는 이집트를 '미스르*Misr*'라고 하는데 이집트식 아랍어에 따라 '마스르'라 발음하기도 한다. 이집트에서 친정부든 반정부 시위든 대규모 집회가 벌어질 경우 '타히야 마스르'란 외침을 자주 듣게 되는데 '이집트 만세'라는 뜻이다.

침략과 독립의 역사

고대 시대 찬란한 문명을 꽃피운 이집트였지만 근대에는 주변 강대국의 원정과 침략에 크나큰 시련도 적지 않게 겪었다.

기원전 332년 마케도니아 알렉산더 대왕의 이집트 정복부터 로마 제국, 이슬람군, 오스만 제국, 나폴레옹의 원정을 경험한 데 이어 영국군 점령도 겪었다. 그리고 마침내 1922년 영국의 지배에서 벗어나 꿈에 그리던 독립을 맞았다.

그 이후 아랍권에 민족주의를 싹트게 한 가말 압델 나세르 *Gamal Abdel Nasser* 전 이집트 대통령이 1952년 공화정을 수립한 뒤 이집트는 '아랍의 맹주' 역할을 해 왔다.

살아 숨 쉬는 인류 박물관

이집트는 세계적 문화유산을 대거 보유한 데다 아시아와 유럽, 아프리카 문명의 교집합 역할을 맡으면서 '살아 숨 쉬는 인류 박물관'으로도 평가받는다. 고대 문명은 물론 알렉산더 대왕이 집권했던 때의 그리스 문화, 절세의 미녀 여왕이자 마지막 파라오로 불렸던 클레오파트라 시대의 로마 문화, 여기에 더해 이슬람 시대를 거치며 지금의 이집트가 됐다.

이집트는 세계에서 가장 먼저 맥주와 와인을 제조해 즐겨 마시던 나라로도 유명하다. 오아시스를 제외하고는 마시고 씻을 때 사용하는 물이 모두 나일강에서 나오는 만큼 그냥 강물을 마시면 배탈 날 염려 때문에 강물을 발효해 맥주를 만들었다. 그때는 물을 깨끗하게 정화하는 특별한 기술이나 장비가 없었기 때문이다. 현대 역사학자들이 그때의 제조 공법으로 이집트 고대인들이 마시던 맥주를 재현하기도 했는데 지금의 맥주처럼 맛이 있지는 않다고 한다.

와인은 고대 시대 신성한 술로 간주되었다. 종교의식이나 궁정의 왕족이나 상류층이 주로 마신 음료였다. 고대 기록에는 파라오나 귀족이 나오는 벽화에 와인이 놓인 장면이 쉽게 목격되지만 농부나 건축 현장에 동원된 인부들이 와인을 마셨다는 기록이나 그림은 찾아보기 어렵다.

아랍의 중심, 이집트

이집트는 중동의 핵심 국가 중 하나로도 꼽힌다. 이집트의 수도 카이로에는 아랍권 22개국을 회원국으로 둔 '아랍연맹*Arab League*' 본부가 있다. 이들 회원국은 모두 아랍어를 모국어로 하고 있으며 사무총장도 이집트인이 줄곧 맡아 왔다. 이 기구를 통해 아랍권의 정치적 목소리가 전 세계에 퍼져나가기도 했다.

이스라엘과 팔레스타인 분쟁이 있을 때면 이집트는 한때 아랍의 맹주로서 직접 중재를 하거나 중재 시도에 관여했다. 팔레스타인 가자지구를 통치하는 무장 집권세력인 하마스와 이스라엘 간에 분쟁이 발발하면 이집트가 하마스와 이스라엘 간의 다리 역할을 하거나 협상장을 마련해 준다.

이뿐만 아니라 이스라엘, 팔레스타인, 리비아, 수단과는 직접 국경을 맞대고 있는 데다 수에즈 운하까지 갖고 있어 이집트의 지정학적 중요성과 역할은 중동 현대사에서 결코 빠질 수 없다.

7000년 역사를 지닌 '젊은 아랍 국가'

실증적 기록이 남아 있는 이집트 고대 역사는 기원전 4000년부터 시작되지만 나일강에서 농경이 시작되고 문명이 형성된 시기는 기원전 5000년으로 추정된다. 지금으로부터 이미 7,000년을 훌쩍 넘긴 역사를 보유한 나라다. 그렇게 오랜 역사를 지닌 탓에 '이집트' 하면 과거 이미지가 먼저 연상될 수도 있지만 꼭 그렇지만도 않다. 오히려 전 세계에서 가장 젊은 나라 축에 속한다.

인구는 매년 빠르게 늘어나 지금은 1억 명이 넘는 '인구 대국'이 됐다. 전 세계적으로 인구가 1억 명이 넘는 국가는 인도와 중국, 미국, 인도네시아 등 15개뿐일 정도로 이집트는 인구 자체만으로도 엄청난 성장 잠재력을 갖고 있다.

실제 2024년 기준으로 이집트 전체 인구의 60%는 30세 이하이다. 한국의 전체 인구 30% 안팎이 30세 이하인 점과 비교하면 두 배 이상 청년 비중이 높다. 평균 연령도 24세를 조금 넘는다. 물론 젊은 인력이 많다는 사실만으로 그 나라의 성장

잠재력이 크다고 단정할 수는 없다. 하지만 이 중에서 단 1% 만이라도 국가 발전을 이끌 핵심 인재로 거듭나고 국가적으로 경제력까지 확보한다면 언제든 치고 나갈 수 있는 나라다.

이집트 젊은이들은 누구나 휴대전화를 보유하고 있고 인터넷이나 유튜브를 즐길 정도로 외부 문화에도 개방적이다. 정보 기술*IT* 습득력도 뛰어나다. 매년 해외로 유학을 가는 청년들도 적지 않다. 이들이 새로운 정보화 시대에 이집트를 이끌 주축으로 성장한다면 천연가스와 같은 자원, 중동과 유럽, 아시아를 잇는 지리적 이점에다 인적 자원까지 갖추게 되는 것이다.

끝이 보이지 않는 광활한 땅

이집트의 국토 면적은 북쪽 끝에서 남쪽 끝까지 시속 $100km$로 한 번도 쉬지 않고 이틀 내내 차를 몰아도 갈 수 없을 정도로 넓다. 이집트 서쪽으로 리비아와 맞닿아 있는 내륙 깊숙한 곳에 자리 잡은 '시와*Siwa*' 사막으로 여행이라도 가게 된다면 그야말로 이집트 국토의 광활함을 실감할 수 있을 것이다. 1시간 동안 반대편 차선에서 오는 차량을 3~4대밖에 못 볼 정도로 2차선 왕복 도로가 한적할 테니 말이다.

이집트 국가의 총면적은 99만 $7,739km^2$이다. 한반도 면적이 약 22만 km^2이니 대략 다섯 배 정도 넓다고 할 수 있다.

국토가 넓다고 해도 사람이 살 수 있는 면적이 넓은 것은 아니다. 넓디넓은 이집트 땅 가운데 사막의 비중이 95%나 된다. 이집트 사막 대부분은 우리가 흔히 '사막' 하면 떠올리는 고운 모래가 바람에 휘날리고 붉은 태양 빛을 머금은 아름다운 장면이 아니다. 오히려 광야에 가까운 사막이다. 메마른 허허벌판에 선인장 같은 식물이 듬성듬성 나 있는 황량한 땅으로 비친다.

가끔 그 사막 사이로 난 고속도로를 차로 달릴 때면 야생 낙타 무리가 함께 이동하는 장면을 볼 수 있다. 적막감이 감도는 가운데 하늘 위로 솟구치는 작은 회오리바람이나 작은 새 떼 무리를 목격할 때도 있다. 그럴 때면 영화에서 볼 법한 외계 행성에 있는 게 아닌가 하는 착각에 빠지기도 한다.

절대다수 이집트인이 사는 곳은 나일강 유역이거나 오아시스가 있는 지역이다. 전체 국토에서 5%의 면적으로 5만km^2에 해당한다. 한반도 남한 면적은 약 10만km^2이다. 한국에서는 어디서나 물을 구할 수 있으니 사람이 살 수 있는 지역은 한국이

더 넓은 셈이다. 이집트에서 사람이 주로 사는 곳은 나일강변 주변이나 지중해로 빠지는 삼각주 일대이다.

사막 곳곳에 있는 오아시스 주변에는 유목민들이 산다. 삼각주에서 일부 지역은 늪지여서 사람이 살기는 적합하지 않아 실제 거주가 가능한 곳은 3%, 경작이 가능한 지역은 2% 정도 된다.

비가 거의 안 오는 이집트에서 그나마 5% 면적에 사람이 살 수 있는 것은 생명줄인 나일강이 워낙 길기 때문이다. 아프리카 동부 발원지로부터 이집트를 거쳐 지중해에 이르기까지 나일강의 전체 길이는 6,700km에 달한다. 서울과 부산 거리가 약 500km이니 나일강 전체 길이로 환산하면 서울-부산을 여섯 번

이상 왕복해야 하는 거리다. 나일강 수원지에서 시작해 지중해까지 이르는 거리를 차로 하루에 1,000km를 달린다고 해도 일주일 정도 걸리는 것이다.

이 중 이집트 영토만을 관통하는 나일강의 거리는 1,500km이다. 서울과 부산을 세 번 오가는 거리이다. 나일강을 따라 고속도로가 나 있다면 더할 나위 없이 여행하기에 좋겠지만 아쉽게도 이집트의 도로는 잘 정비되어 있지 않다. 이로 인해 카이로와 룩소르를 오가는 침대 열차를 타고 여행하는 외국인 관광객들이 많다. 심야에 출발하는 침대 열차의 경우 고속버스 등에 비해 여건이 괜찮은 편이어서 여행객들이 자주 이용한다.

나일강 따라 형성된 주요 도시들

이집트는 나일강 주변을 따라 도시와 농촌이 형성됐다. 이집트인들은 그 도시와 마을 주변에서 수천 년의 삶을 이어 왔다. 이집트 주요 행정구역의 핵심 도시들은 모두 나일강가에 자리 잡고 있다. 우리나라의 '특별시'나 '도'에 해당하는 주州는 수도 카이로, 제2의 도시 알렉산드리아를 포함해 27곳이다. 그중 관광지로 유명한 룩소르주는 자체적 행정구역인 자치구로 유일하게 지정돼 있다.

면적으로 살펴보면 이집트 서남부 사막 일대 대부분을 차

● **나일강 따라 획정된 이집트 행정 구역 주요 도시**

지하는 뉴벨리주가 가장 크고 지중해와 맞닿은 마르사마트루주, 홍해를 접하고 있는 홍해주, 나일강 상류 지역인 아스완주가 그다음으로 넓다. 하지만 면적이 넓은 곳은 인구가 적은 편이고 나일강을 따라 형성된 카이로, 이스마일리야, 포트사이드와 같은 도시에 인구가 밀집해 있다. 아랍어는 이집트 어느 곳에서나 통하지만 나라가 워낙 넓다 보니 주마다 조금씩 표현에 차이가 있다.

리비아, 수단, 이스라엘, 팔레스타인과 맞댄 국경

땅이 워낙 넓다 보니 국경을 맞댄 국가도 네 개나 된다. 나일강 상류인 남쪽으로 수단과는 1,273*km*, 서쪽으로 옆 나라 리비아와는 1,150*km*를 맞대고 있다. 시나이반도를 두고 국경을 접한 이스라엘과는 255*km*, 팔레스타인 주민이 살고 있는 가자지구와는 11*km* 구간을 국경선으로 두고 있다.

광활한 면적을 지닌 탓에 서로 이름이 다른 바다도 두 개나 끼고 있다. 위쪽으로는 지중해*Mediterranean Sea*, 오른쪽으로는 홍해*Red Sea*와 맞닿아 있다. 지중해를 건너면 튀르키예, 그리스, 이탈리아, 프랑스가 나온다. 홍해를 건너면 사우디아라비아와 요르단에 갈 수 있다. 홍해를 거쳐 대서양으로 향하면 동남아시아 더 나아가 한국이 포함된 동북아시아까지 진출할 수 있다.

이집트의 주요 도시들

이집트 수도는 '카이로'이다. 유구한 역사를 자랑하는 탓에 '그레이트 카이로*Great Cairo*'라고 불리기도 한다. 이집트 전체 인구의 10분의 1에 해당하는 1,000만 명이 조금 넘는 인구가 카이로에 산다. 카이로와 붙어 있는 외곽 지역 기자*Giza*까지 포함하면 2,000만 명이 카이로 일대에 거주하는 것으로 추산된다.

카이로 다음으로 큰 이집트 제2의 도시 알렉산드리아*Alexandria*는 지중해와 맞닿아 있다. 알렉산더 대왕의 이름을 딴 현존하는 세계 유일의 도시이다. 이 외 탄타와 수에즈, 포트사이드, 아스완이 주요 도시로 꼽힌다.

"이집트는 나일강의 선물이다."

고대 그리스 역사학자인 헤로도토스가 《역사》라는 저서에서 한 말이다. 나일강이 없다면 이집트라는 나라 자체가 존재할 수 없다는 의미다. 실제로도 그렇다. 나일강을 두고 '이집트의 젖줄'이라 부르는 이유도 이 때문이다.

나일강을 유심히 보고 있으면 마음이 평온해진다. 거친 물결이 없다. 항상 수면이 잔잔하고 어디에서 어디로 흐르는지조차 알기 어려울 정도로 완만히 흐른다. 나일강의 평온함과 단어가 주는 어감이 마음에 들었는지 그곳에 체류했던 한 한국인 부부는 자녀 이름을 '나일'로 짓기도 했다.

나일강은 대륙 지도로 봤을 때 남쪽에서 북쪽으로 흐르는 아주 긴 강이다. 강을 기준으로 남쪽 상류 지역을 '상上이집트' 북쪽 하류 지역을 '하下이집트'라고 부른다. 지도상으로는 지중해와 맞닿은 이집트 북쪽이 '상上'이라고 생각하기 쉽지만 강물이 시작되는 원천을 기준으로 삼았기에 상류인 남쪽이 '상', 하류인 북쪽이 '하'가 된 것이다.

고대 이집트인은 비옥한 나머지 검은 흙을 가져다주는 나일강을 '하피*Hapi God*' 신으로 숭배했다. 하피는 풍요와 생명의 상징이다. 강물이 범람해 주변 땅을 적시면 축제를 벌이며 신의 은혜를 노래했다. "나일강을 지배하는 자가 이집트를 지배한다"는 말이 있을 정도로 나일강과 이집트는 떼려야 뗄 수 없는 관계다.

나일강은 언제 보아도 신비롭지만 그 엄청난 길이를 알고 나면 더욱 놀랍다. 강이 시작되는 지점은 두 곳이다. 아프리카 동부 에티오피아 아비시니아*Abyssinia* 고원에서 흐르는 '청나일'과 아프리카 중앙부 빅토리아 호수*Lake Victoria* 일대에서 시

작하는 '백나일'이 수단 카르툼에서 합쳐져 비로소 하나의 줄기가 된다. 어디를 기준으로 삼느냐에 따라 세계에서 가장 긴 강이 될 수도 있다.

아비시니아 고원을 시작점으로 삼으면 길이가 6,400km이고, 최남단 빅토리아호를 시작점으로 삼으면 길이가 6,650km에 달한다. 이는 남미 아마존강(6,516km), 중국 양쯔강(6,380km)과 함께 세계에서 가장 긴 '3대강'에 포함되는 수치다. 여기에 미국 미시시피강(6,019km)까지 합쳐 세계 4대 강으로 분류하기도 한다.

이집트의 남쪽 국경과 접한 수단의 수도 카르툼에서 청나일과 백나일이 만나는 지점을 찾아간 적이 있다. 현장에서 본 '청

나일’은 이름처럼 정말 푸른색이었지만 ‘백나일’은 흰색이 아닌 황토색 흙탕물에 가까웠다. 백나일은 석회질 암반을 지나며 흰 침전물이 섞이기 때문에 붙여진 이름인데 사실 ‘황색물’보다는 ‘백나일’이 어감이 낫기도 하고 아주 먼 옛날에는 지금보다 맑았을지도 모를 일이다. 두 강물의 줄기가 한 데 섞이며 흙빛이 감도는 청록색으로 변하는 모습이 무척 신기했다. 이렇게 하나가 된 물줄기는 지중해까지 2,650㎞를 더 달려 나간다.

폭이 좁고 느린 유속에 수영할 수 있는 강

나일강의 신기한 점은 하류로 내려올수록 강폭이 좁아진다는 것이다. 보통은 바다에 가까운 하류일수록 지류가 합쳐져 폭이 넓어지지만 나일강은 상류 폭이 500m~1km에 달하는 반면 지중해 쪽 하류는 100~300m밖에 되지 않는다. 카이로 도심을 흐르는 나일강은 우리 한강보다 폭이 훨씬 좁다.

수심도 그리 깊지 않다. 지역과 계절에 따라 다르지만 평균 8~11m 정도이며 아스완댐 근처는 수위 조절 때문인지 수심이 2~3m로 보일 만큼 얕은 곳도 있다. 특히 아스완 부근은 물이 너무 맑아 강바닥까지 맨눈으로 볼 수 있을 정도다. 이곳에서는 기온이 따뜻해 겨울에도 강가에서 물놀이하는 아이들을 쉽게 볼 수 있다. 반면 카이로를 관통하는 나일강에서는 수영

● 아스완 나일강

하는 사람을 보기 힘들다. 상류보다 물이 탁하고 오염되어 질병의 위험이 있기 때문이다.

이집트는 나일강 중간에 합류하는 지류가 없는데다 비도 거의 내리지 않는다. 1970년 아스완 하이댐이 건설된 이후로는 홍수도 사라졌다. 댐이 강물을 조절하기 때문이다. 아스완과 룩소르의 연간 강수량은 $2mm$ 안팎으로 사실상 비가 내리지 않아 빗물 처리 수로조차 없다.

댐이 생기기 전 나일강은 매년 6월이면 물이 불어나 9월까지 강둑을 넘칠 정도로 물이 풍부했다. 이같이 주기적인 범람이 발생하면서 아프리카의 비옥한 토양이 이집트 하류에 쌓였고 이 땅을 활용해 이집트는 고대부터 풍요로운 곡창지대가 되어 문명의 꽃을 피울 수 있었다.

인생 최고의 여행, 나일강 크루즈

이집트 여행에서 빼놓을 수 없는 백미는 '나일강 크루즈*Nile*

● 나일강 크루즈

River Cruise’이다. 바다도 아닌 강에서 즐기는 크루즈라니 의아할 수 있지만 이는 이집트의 인기 관광상품이다. 아스완과 룩소르 사이 208㎞를 유람하며 고대 유적지를 탐방하는 기분은 무척 이색적이다.

강가로부터 불과 몇 미터만 벗어나도 바로 사막이 펼쳐지는 풍경은 지금도 잊을 수 없다. 크루즈 옥상 수영장에서 햇볕을 쬐거나 독서를 즐기는 외국인 관광객들의 여유도 가득하다. 2박 3일 동안 사막 뒤쪽으로 붉은 해가 지는 풍경을 바라보는 것은 평생 남을 아름다운 추억이 된다. 이집트 관광산업이 호황일 때는 예약에만 6개월이 걸릴 정도로 인기가 높았다.

목숨을 건 나일강 탐험기

나일강은 세계에서 가장 긴 강이다. 하지만 전체 구간을 탐험하는 것은 결코 낭만적인 여정은 아니다. 한강처럼 잘 닦인 강변도로가 있는 것도 아니고 생명을 위협하는 요소들로 가득하다. 나일강 탐험이 위험한 이유는 크게 세 가지다.

먼저 위험한 야생동물과 곤충이 도사린다. 이집트부터 시작하는 나일강 하류는 안전하지만 상류인 수단 지역에는 악어와 하마가 서식한다. 특히 악어는 매우 공격적이라서 사람을 위협하기도 한다. 습지 지대의 모기가 옮기는 말라리아나 뎅기열, 고온 다습한 기후로 인한 일사병이나 식중독도 위험 요소이다.

험난한 지형과 물줄기도 탐험을 어렵게 하는 요소이다. 상류 지역인 르완다나 우간다에서는 정글, 늪지대, 산악 지대를 통과한다. 급류와 폭포, 소용돌이 때문에 배로 이동하는 것이 불가능한 구간도 많다. 댐 시설이 없어 우기에는 수위가 갑자기 올라 범람하기도 한다.

마지막으로 불안한 치안과 열악한 인프라가 꼽힌다. 나일강이 지나는 수단과 남수단, 에티오피아 등은 정치적 분쟁이나 내전으로 치안이 불안하다. 외딴 지역은 휴대전화가 터지지 않고 의료 시설도 부족해 사고나 고장이 발생해도 신속한 구조를 기대하기 어렵다.

19세기 헨리 모턴 스탠리는 대원들과 함께 나일 발원지를 둘러싼 논쟁을 풀기 위해 빅토리아호 일대를 탐사했다가 강을 따라 내려가는 과정에서 질병과 탈진, 원주민과 충돌 등으로 수많은 이가 목숨을 잃었다. 2004년에는 영국과 뉴질랜드 탐험가가 나일강 원정에 나섰다가 악어의 공격과 장비 고장, 무장 세력과의 충돌로 예측 불가능한 위기의 연속을 맞았다.

세계 3개 대륙을 잇는 교두보

세 대륙이 만나는 곳

이집트는 전 세계에서 가장 중요한 요충지 중 한 곳에 위치한다. 유럽, 아프리카, 아시아라는 세 대륙의 교차점에 자리를 잡았기 때문이다. 지중해를 건너면 바로 유럽이고, 육로로는 아프리카 국가들과도 국경을 맞대고 있다. 동북쪽으로는 시나이반도와 수에즈 운하를 경계로 아시아 국가들과 이웃한다.

이처럼 지정학적 요충지에 자리한 탓에 이집트는 숱한 정복과 침략을 겪어야 했다. 알렉산더 대왕이 이끈 마케도니아를 시작으로 로마 제국, 이슬람군, 오스만 제국, 나폴레옹의 프랑스군, 그리고 영국군까지 차례로 이집트를 점령하고 통치했다. 세

● 세계를 잇는 교두보 이집트

계 열강이나 신흥 세력이 부상할 때마다 이집트 정복은 늘 우선순위에 올랐다. 비옥한 나일강 삼각주를 식량 공급기지로 삼는 동시에 아프리카와 아시아로 진출하는 교두보로 활용하기 위해서였다. 과거 유럽 열강들이 그토록 이집트를 식민 지배하려 했던 이유도 바로 여기에 있다.

이웃국가들과의 복잡한 관계

이집트 동북부의 시나이반도는 아카바만을 사이에 두고 '레반트*Levant*' 지역과 맞닿아 있다. 지중해 동부의 초승달 모양 지역을 일컫는 이곳에 유대교 국가인 이스라엘이 세워지면서 군사적·종교적 갈등이 시작되었다. 이집트는 아랍 국가들을 이끌며 이스라엘과 네 차례나 중동전쟁을 치렀고 오랫동안 앙숙으로 지내다가 미국의 중재로 화해 분위기를 맞기도 했다.

전쟁의 역사는 파란만장했다. 1948년 이스라엘이 건국되자마자 발발한 제1차 중동전쟁은 이스라엘의 승리로 끝이 났고 이스라엘은 유엔이 애초에 정한 것보다 더 넓은 영토를 확보하게 됐다. 제2차 중동전쟁(1956년)은 이집트의 나세르 대통령이 영국과 프랑스가 관리하던 수에즈 운하를 국유화하자 영국, 프랑스, 이스라엘이 연합해 이집트를 공격하며 시작되었다. 이집트는 비록 수세에 몰렸지만 국제사회의 압박으로 연합군이 철수하며 운하 통제권을 지켜냈다.

제3차 중동전쟁(1967년)은 단 6일 만에 끝났다고 해서 '6일 전쟁'이라 불린다. 이 전쟁에서 대승을 거둔 이스라엘은 이집트의 시나이반도뿐 아니라 시리아의 골란고원, 요르단이 지배하던 서안 지역까지 점령하며 영토를 대폭 확장했다. 영토를 빼앗긴 이집트는 1973년 이스라엘의 유대교 명절인 '욤키푸르 *Yom Kippur*'에 기습 공격을 감행하며 제4차 중동전쟁을 일으켰다. 초반에는 이집트와 시리아가 우세를 보였지만 이스라엘이 반격에 나서고 미국과 소련의 개입으로 3주간의 전쟁 뒤 휴전 협정이 맺어졌다. 이후 긴장 관계를 유지해 오던 이집트와 이스라엘은 1978년 중동 역사에 중대한 이정표를 남긴 '캠프 데이비드 협정 *Camp David Accords*'을 맺으며 마침내 적대 관계를 청산했고 이집트는 시나이반도를 돌려받았다.

하지만 이 조약이 체결된 후에도 이집트를 포함한 아랍권 국민들의 마음속엔 여전히 냉랭한 기류가 흐른다. 이스라엘과 팔레스타인의 분쟁이 계속되고 있기 때문이다. 이 지역이 여전히 '중동의 화약고'라 불리는 배경이다. 또한 이집트는 서쪽의 리비아, 남쪽의 수단과도 접해 있는데 두 나라 모두 정세가 불안정해 난민 유입과 국경 보안 문제로 골머리를 앓고 있다.

수에즈 운하로 세계를 잇다

이집트는 세계 물류의 심장이기도 하다. 시나이반도 서쪽 끝에 있는 193.3 km 길이의 수에즈 운하 덕분이다. 지중해와 홍해를 잇는 이 운하는 세계 교역량의 12%가 통과하는 핵심 통로다. 중동에 분쟁이 생기면 기름값이 뛰는 이유도 수에즈 운하의 통행이 불확실해지기 때문이다.

세계 컨테이너 물동량의 30%가 수에즈 운하를 거치고 있는

● 수에즈 운하 전경

데 이 운하를 이용하지 못하면 선박들은 아프리카 대륙 남쪽 끝(희망봉)으로 멀리 돌아가야 한다. 우회 시 아시아와 유럽 항로 기준으로 7~10일 더 걸릴 수 있다는 분석도 나왔다. 이는 막대한 시간과 비용 손실을 의미한다. 실제로 2021년 3월, 초대형 컨테이너선이 수에즈 운하에 좌초되어 며칠간 수로가 막히자 전 세계 물류 대란이 벌어지기도 했다. 이집트는 늘어나는 물동량을 감당하기 위해 2015년 운하 폭을 넓히고 물길을 하나 더 내는 '제2 수에즈 운하'를 개통했다.

운하의 이름을 따온 항구도시 '수에즈'는 과거 작은 어촌 마을이었으나 지금은 철도와 고속도로가 연결된 물류 거점 도시로 거듭났다. 수에즈의 역사는 곧 운하의 역사이며 세계 경제를 잇는 통로의 역사이기도 하다.

우여곡절 끝에 탄생한 수에즈 운하

수에즈 운하는 1800년대 유럽 열강들이 아프리카를 돌아가지 않고 아시아로 가는 지름길을 만들기 위해 건설했다. 프랑스인 페르디낭 드 레셉*Ferdinand de Lesseps*이 주도하여 10년의 공사 끝에 1869년 개통한 이 운하 덕분에 유럽과 아시아 사이의 항로는 기존보다 절반가량 단축되었다.

하지만 이 '혁명' 뒤에는 이집트인들의 눈물이 숨어 있다. 수십만 명이 강제 노동에 동원되었고 수천 명은 전염병과 과로, 영양실조로 목숨을 잃었다. 무리한 건설비용 탓에 재정이 파탄 난 이집트 정부는 1875년 운하 지분을 영국에 팔아넘겼고 이는 영국의 내정 간섭을 받는 빌미가 되었다.

물동량이 증가하면서 수에즈 운하는 세계에서 가장 혼잡한 운하가 되었고 2015년 72km 구간에 새 물길을 내고 운하의 폭과 깊이를 확대하여 '제2의 수에즈 운하'도 개통했다.

이 운하를 통과하는 주요 화물은 2차 세계대전 이전에는 식량과 원재료, 공업 제품이 대부분이었다. 그러나 현대에 들어서는 석유 수송 비중이 높아져 중동산 원유가 유럽으로 향하는 관문이자 한국의 주요 수출품이 유럽으로 가는 해상로로 이용되고 있다.

오늘날 수에즈 운하는 이집트의 효자 노릇을 톡톡히 하고 있다. 연간 통행료 수입만 약 53억 달러(2026년 1월 기준 한화로 약 7조 원)에 달하며 이는 관광 수입과 더불어 이집트 경제의 기둥이다. 세계 해상 물동량의 약 12%, 세계 원유 운송량의 약 9%가 이곳을 지나는 만큼 수에즈 운하는 이집트뿐 아니라 전 세계 경제의 생명선이라 할 수 있다.

1년 내내 비가 안 내린다고?

이집트는 일 년 내내 비가 거의 내리지 않을 정도로 건조하다. 한국처럼 사계절이 있긴 하지만 봄부터 가을까지는 비 소식이 거의 없고 겨울에만 두세 차례 아주 적은 양의 비가 내릴 뿐이다. 이집트의 겨울은 한국의 가을처럼 날씨가 매우 쾌청해 여행하기에 가장 좋은 시기로 꼽힌다. 겨울철 카이로와 나일강 삼각주 지역의 평균 기온은 13~15도이며, 나일강 상류 내륙 지역의 낮 기온은 20도 안팎이다.

비가 내리지 않으니 습도가 높아 끈적거리는 날도 없다. 한여름에는 최고 기온이 45~50도까지 치솟아 숨이 막힐 듯 무덥지만 그늘에서 미풍이라도 맞으면 의외로 견딜 만하다. 다만 햇볕이 워낙 강렬해 자외선 차단제를 바르지 않고 외출했다가는 살갗이 데어 따끔거릴 수 있으니 주의해야 한다.

일기예보에 비나 구름이 없다?

이집트는 국토가 넓어 지역마다 기후가 조금씩 다르다. 수도 카이로를 포함해 나일강을 낀 도시들은 아열대 기후에 속한다. 카이로의 연간 강수량은 약 25mm로 매우 적은 '반사막 기후'이다. 건조하고 맑은 날이 일 년 내내 이어지다 보니 이집트 신문이나 방송의 기상 뉴스에는 구름이나 비 표시가 거의 없다. 구체적인 날씨 설명 없이 그날의 최저·최고 기온만 알려 주는 경우가 많다.

하지만 이집트 제2의 도시 알렉산드리아는 지중해와 맞닿아 있어 전형적인 지중해성 기후를 띤다. 이곳의 연간 강수량은 약 190mm인데 이는 한국에서 여름철 하루 동안 쏟아지는 호우의 양과 비슷하다. 바닷가 마을인데도 생선 비린내 같은 냄새가 거의 나지 않는 것이 특징이다. 지중해에서 불어오는 시원한 바람과 맑은 하늘을 보고 있으면 알렉산더 대왕이 왜 이곳에 자신의 이름을 딴 도시를 세우려 했는지 절로 고개가 끄덕여진다.

나일강 삼각주를 일컫는 '델타*Delta*' 지역도 지중해성 기후에 가깝다. 그 외에 나일강 변을 벗어난 나머지 영토 대부분은 사막 기후다. 사막 지대에서는 선인장과 작은 고목, 낙타 같은 야생 동물을 볼 수 있다. 우리가 흔히 상상하는 고운 모래 사막도 있지만 실제로는 메마른 흙으로 덮인 광야가 더 많다.

사막 지대의 평균 기온은 37~48도로 나일강 주변보다 높고 겨울에도 눈이 내리지 않아 대체로 따뜻하다. 하지만 바람이 불거나 해가 지면 금세 싸늘해져 한기를 느끼게 된다. 특히 이집트 건물에는 한국 같은 온돌 시스템이 없어서 체감하는 겨울 추위가 꽤 매섭다. 그래서 이집트에 장기 체류하거나 파견을 가는 한국인들에게 전기장판은 반드시 챙겨야 할 필수 품목으로 꼽힌다.

독수리와 피라미드 그리고 태양

힘을 상징하는 독수리

이집트를 대표하는 상징물은 독수리와 피라미드 그리고 태양이다. 이 중 '힘'을 상징하는 동물은 독수리로 1984년 제정된 이집트 국기 중앙에는 황금색의 독수리가 당당하게 자리 잡고 있다. 이 독수리는 12~13세기 이집트와 시리아를 통치했던 아이유브 왕조의 술탄, 살라딘의 문장紋章에서 유래했다.

'문장'은 특정 국가나 단체, 가문을 나타내기 위해 만든 상징적인 도안을 말한다. 오늘날 프로축구나 야구팀의 깃발에 새겨진 로고를 떠올리면 이해하기 쉽다. 지금은 이집트와 시리아가 별개의 나라지만 과거 두 나라가 하나로 합쳐져 '아랍연방

공화국*Arab Republic Union*'이라는 이름을 사용했던 시절부터 이 독수리는 아랍의 단결과 힘을 상징해 왔다.

혁명의 역사를 담은 국기

　이집트 국기는 위에서부터 빨간색, 흰색, 검은색의 세 줄로 이루어져 있다. 각 색상에는 이집트의 파란만장한 현대사가 담겨 있다.

　맨 위의 빨간색은 식민 지배에서 벗어나기 위한 '혁명'과 그 과정에서 흘린 피를 상징한다. 1952년 가말 압델 나세르와 무함마드 나기브*Mohamed Naguib*가 이끄는 '자유장교단'은 혁명을 일으켜 해묵은 왕정을 폐지하고 공화국을 세웠다. 특히 나세르는 영국 제국주의의 간섭을 끝내고 '아랍 민족주의'를 전

● **이집트 국기 (1984년 제정)**

파하며 이집트인이 주인인 나라를 만든 현대사의 핵심 인물로 평가받는다.

가운데 흰색은 유혈 사태 없이 혁명을 성공시킨 '영광'과 '평화'를 뜻한다. 마지막으로 맨 아래 검은색은 영국 식민 지배와 부패한 왕정 체제에 짓눌려 살았던 '과거의 암흑기'를 의미한다. 즉 이집트 국기는 어두운 과거(검은색)를 혁명(빨간색)으로 끝내고 평화와 영광(흰색)의 시대를 맞이했다는 건국의 서사를 보여준다.

여전히 수수께끼인 피라미드

이집트 하면 빼놓을 수 없는 또 다른 상징은 피라미드이다. 이집트 전역에는 지금도 20여 개의 크고 작은 피라미드가 남아 있다. 그중 가장 유명한 것은 카이로 기자 사막에 나란히 서 있는 세 개의 피라미드, '대피라미드*Great Pyramid*'이다. 기원전 2,500년경에 지어졌으니 무려 4,500년의 역사를 간직한 건축물이다.

강력한 파라오의 왕권과 고대 문명의 정수를 보여주는 걸작이지만 이 거대한 건축물이 정확히 어떻게 지어졌는지는 여전히 수수께끼다. 당시의 구체적인 설계도나 공사 기록이 전혀 남아 있지 않기 때문이다. 흔히 '파라오의 묘지'로도 알려졌지

● 쿠푸 피라미드

만 정작 피라미드 내부에서 파라오의 미라나 시신이 공식적으로 발견된 적이 없다는 점도 신비로움을 더한다. 도굴꾼이 훔쳐갔다는 설 역시 명확히 증명된 바는 없다.

하지만 피라미드가 파라오의 '영생과 부활'을 위한 공간이었다는 점은 분명해 보인다. 그 근거는 위치에 있다. 모든 피라미드는 나일강 서쪽에 세워졌다. 고대 이집트인들에게 태양이 뜨는 동쪽은 '탄생'을, 태양이 지는 서쪽은 '죽음과 부활'을 의미하기 때문이다. 최고의 신인 '라 *Ra*'의 섭리에 따라 지상의 신이었던 파라오 역시 해가 지는 서쪽에서 다시 태어나기를 기원했던 것이다.

　우리나라 국가대표팀이 올림픽에서 금메달을 따면 애국가가 울려퍼지듯 이집트에도 국가國歌가 있다. 이집트 근대 음악가로 불리는 사이드 다르위시가 작곡한 이 노래는 1979년 공식 국가로 채택됐다. 우리 애국가가 대한민국의 장엄한 자연과 민족의 번영을 노래한 것이라면 이집트 국가는 조국에 대한 충성과 헌신을 유독 강조한다. '나의 조국'을 뜻하는 '빌라디Bilady'라는 반복 구절로 시작하는 이집트 국가 가사의 전반적 내용은 조국에 대한 충성과 오랜 역사에 대한 자부심을 드러내고 있다. 아래 가사는 아랍어 원문을 바탕으로 한 의미 중심의 의역(한국어 번역)이다.

[후렴] (매 절마다 반복)

나의 조국, 나의 조국, 나의 조국,

나의 사랑과 나의 마음은 그대에게 있다네

나의 조국, 나의 조국, 나의 조국

나의 사랑과 나의 마음은 그대에게 있다네

[1절]

이집트여! 그대는 나의 희망이자 나의 목적지라네

그대가 인류에게 배푼 은혜는 얼마나 큰가

나일강의 아들인 우리 모두는 그대에게 충성한다네

[2절]

이집트여! 그대는 가장 귀중한 보석이며

영원히 빛나는 영광의 절정이라네

나의 조국이여, 영원히 자유로우소서

그대의 모든 적으로부터 안전하기를

[3절]

이집트여, 그대의 자녀들은 고귀하다네

그들은 신의 도움으로 조국을 지키며 전진하리다

우리는 평화롭게 살 것이며 그대의 영광을 위해 헌신하리라

 이집트 국가 듣기

피라미드에 올라가는 데 얼마나 걸릴까?

현재 이집트에서 피라미드에 기어오르는 행위는 법으로 엄격히 금지되어 있다. 유적 훼손을 막고 안전사고를 예방하기 위해서다. 이를 어기면 징역형까지 살 수 있으니 주의해야 한다.

만약 과거처럼 피라미드 등반이 허용된다면 얼마나 걸릴까? 실제 등반 경험이 있는 현지인들의 말에 따르면 가장 큰 쿠푸 피라미드 정상(138m)까지 올라가는 데는 약 30분이 걸렸으나 경사가 매우 가파르고 돌 표면이 미끄러워 내려올 때는 오히려 40~50분이 걸렸다고 한다. 휴식 시간까지 합치면 대략 1시간 30분 정도의 등반 코스인 셈이다.

과거 영국 식민 지배기에는 영국 군인이나 귀족들이 피라미드 꼭대기에서 와인을 마시며 여유를 부리는 진풍경이 벌어지기도 했다. 당시 그림을 보면 이집트인으로 보이는 하인이 손을 잡아주거나 뒤에서 밀어주며 등반을 돕는 모습이 남아 있다.

쿠푸 피라미드의 외부 등반은 불법이지만 비용을 내면 내부 관람은 가능하다. 좁고 가파른 통로를 따라 파라오의 안식처인 '왕의 방'까지 올라가는 데는 약 20분 정도 걸린다. 천장이 낮고 통로가 좁아 허리를 숙이고 이동해야 하는 불편함이 있지만 4,500년 전의 공기를 직접 느껴보려는 관광객들로 늘 북적인다.

이집트인의 주류는 아랍 민족

이집트인은 사실상 단일 민족에 가깝다. 하지만 역사적으로 다양한 문명과 열강의 지배를 거치며 여러 민족의 혈통이 섞이기도 했다. 언어를 기준으로 민족을 구분하면 현재 아랍어를 사용하는 이집트인이 전체의 99.6%를 차지한다.

이집트인 중에는 사막에서 사는 유목민 베두인족*Bedouin*도 포함된다. 서쪽의 시와 사막이나 남쪽의 바하리야*Bahariya* 사막을 여행하다 보면 아랍 전통 복장을 한 이들을 만날 수 있다. 이들은 주로 양을 키우는 목축업이나 사막 관광업에 종사하며 생계를 유지한다. 흔히 유목민이라고 하면 검고 거친 피부에 갈색 눈, 다부진 체격의 남성을 떠올리지만 실제 모습은 매우 다양하며 하나로 정의하기 어렵다.

이집트는 아프리카, 유럽, 아시아가 만나는 길목에 위치한 탓에 오랜 세월 다른 민족의 통치를 받아 왔다. 그래서 우리와 같은 '순혈주의' 개념이 희박하다. 실제로 지중해와 맞닿은 북부 사람들은 유럽의 영향을 받아 피부색이 상대적으로 밝은 편이고 남쪽 수단 접경 지역 사람들은 피부색이 더 짙다는 인상을 준다. 눈동자 색깔 또한 갈색이 가장 많지만 파란색이나 검은색도 있으며 머리카락 역시 갈색뿐 아니라 금발이나 검은색 등 다양하다.

소수 민족도 함께 살아가는 나라

이집트에서는 아랍어를 모국어로 쓰는 이집트인이 절대 다수이지만 소수 민족도 함께 어우러져 살고 있다. 모로코, 리비아, 누비안, 튀르키예 출신 민족이 전체의 0.4%를 차지하며 그 외에도 시리아인, 이란인, 그리스인, 이탈리아인, 유대인 등이 거주한다.

이집트 현지인의 눈에는 인종이나 민족별 차이가 보일지 모르겠으나 나 같은 외국인이 보기에는 이들을 구분하기가 쉽지 않다. 특히 이들 대부분이 아랍어를 능숙하게 구사할 수 있어 외형과 언어만으로는 더욱 구별이 어렵다.

범위를 중동 전체로 넓혀 보면 이 지역의 인종은 크게 셈*Sem*족, 아리아*Aryan*족, 우랄알타이*Ural-Altaic*족 세 그룹으로 나뉜다.

셈족은 고대 북아프리카와 중동 일대에서 셈어를 구사하는 민족들을 총칭하는 표현이다. 셈어는 아랍어와 히브리어, 아람어를 비롯해 서아시와 북아프리카에서 발달한 언어군의 한 갈래이다. 셈어를 사용하는 셈족은 이집트인을 포함한 아랍인, 시리아인, 유대인이 여기에 속한다. 이들의 외모가 서로 비슷해 보이는 이유이기도 하다. '셈'이라는 명칭은 성경에 나오는 노아의 장남 이름에서 따왔다. 고대에는 다신교를 믿었으나 근현대에 들어 이슬람교나 유대교

● 이집트인은 아랍 민족

같은 일신교를 주로 믿고 있다.

아리아족은 이란인과 아프가니스탄인이 대표적이다. 아리아족은 고대 인도와 이란 문명을 형성한 민족을 일컫는데, '고귀한'이라는 뜻을 지니고 있다.

우랄알타이족은 흔히 한국어가 포함됐다고 알려졌던 우랄·
알타이 언어 분류 가설에서 비롯된 집단을 일컫는다. 우랄알타
이어족은 과거 우랄어를 쓰는 민족과 알타이어를 쓰는 민족을
합한 용어이다. 아시아 중앙의 우랄산맥과 알타이산맥 지역에
서 사용하는 언어를 기반으로 분류된 명칭이다. 러시아와 카
자흐스탄을 잇는 우랄산맥은 지리적으로 유럽과 아시아를 나
누는 기준선이 된다. 그 오른편의 알타이산맥은 러시아, 카자
흐스탄, 몽골, 중국에 걸쳐 광대하게 펼쳐져 있다. 먼 옛날 이
광활한 산맥 근처에서 시작된 민족들이 동쪽으로는 한반도까
지, 서쪽으로는 아나톨리아 반도(지금의 튀르키예)까지 퍼져 나
간 셈이다. 한국어와 튀르키예어가 과거 한때 우랄알타이족으
로 분류되기도 했지만 현재는 같은 어족으로 단정하기 어렵다
는 견해도 있다.

공식 언어는 이집트어가 아닌 아랍어

아랍어 전파의 중심, 이집트

아랍어를 사용하는 국가들의 중심에 이집트가 있다고 해도 과언이 아니다. 이집트에서 제작되어 송출되는 드라마, 영화, 예능 프로그램, 뉴스가 중동 전역에 미치는 영향력은 막대하다. 전성기만큼은 아니더라도 지금도 수단, 팔레스타인, 시리아, 리비아 등 이웃 나라에서는 이집트 방송을 즐겨 본다.

간혹 "이집트어가 따로 있나요?"라는 질문을 받는데, 이집트 국민 모두가 아랍어를 쓴다. 이집트 외에도 사우디아라비아, 아랍에미리트 등 아랍연맹에 가입된 22개국이 아랍어를 공식 언어로 사용하며 대다수가 이슬람을 국교로 삼고 있다.

아랍어 사용자 수는 2억 명이 넘는다. 인구수를 기준으로 영어, 중국어, 힌디어, 스페인어, 프랑스어 다음으로 세계에서 많이 쓰이는 언어다. 서아시아와 북아프리카를 포함한 중동 전역에서 통용된다고 보면 된다.

아랍어는 크게 두 가지로 나뉜다. 신문, 방송, 이슬람 성전인 '꾸란 *Quran*'에 쓰이는 표준어이자 문어체인 '푸사 *Fusha*'와 아랍어 방언이자 나라마다 달리 쓰이는 구어체 '암미야 *Ammiyya*'이다. 문어체인 푸사는 꾸란에 기반을 두어 나라마다 차이가 거의 없지만 구어체인 암미야는 각 나라의 문화와 전통에 따라 조금씩 다르다. 이집트 사람들이 쓰는 독특한 아랍어 방언은 '이집트 암미야'라고 부른다.

아랍어는 한국어나 영어와 달리 오른쪽에서 왼쪽으로 글자를 쓴다. 마침표도 문장 맨 왼쪽에 찍힌다.

이집트는 영국과 프랑스의 식민 지배를 받았던 역사 때문에 지식인층 상당수가 영어와 프랑스어를 유창하게 구사한다. 카이로의 국제학교에서는 영어를 기본 언어로 가르치고 아랍어를 필수 과목으로 둔다. 제2 외국어로는 주로 프랑스어를 배운다. 대기업 경영진, 학자, 전문가, 관광업 종사자들과는 영어로 의사소통이 가능하다. 하지만 동네 슈퍼마켓의 상품들에는 아랍어로만 숫자와 글자가 표기된 경우가 많아 일상생활을 온전히 누리려면 아랍어를 배우는 것이 유용하다.

● (위) 아랍어 표기 상품, (아래) 아랍어 벽화

이집트의 방송 채널

이집트 사람들이 매일 보는 채널은 당연히 아랍어 방송이다. 이집트 국영 TV를 비롯한 현지 매체 외에도 카타르의 알자지라*Al Jazeera*나 사우디아라비아의 알아라비야*Al Arabiya* 같은 아랍어 채널을 통해 중동 소식을 듣는다.

현지 주요 방송 매체는 대부분 관영이라 친정부 성향의 경향을 띠고 있다. 1960년에 설립된 이집트 국영 TV는 한국의 KBS와 같은 역할을 하며 1990년대 창립한 알 마스리야*Al Masriya*, 알 나일*Al Nile* 등과 함께 대부분 관영(정부에서 운영) 체제로 운영된다. 서구권의 시각이 궁금할 때는 미국 CNN이나 영국 BBC를 시청하기도 한다.

흥미로운 점은 방송 진행자의 차림새다. 여성 진행자가 머리카락을 가리는 두건인 '히잡'을 썼는지는 그 나라가 세속주의(정치와 종교 분리) 국가인지, 종교가 사회 전반을 지배하는 이슬람 국가인지를 판가름하는 기준이 된다. 세속주의 성향이 강한 이집트 방송에서는 히잡을 쓰지 않은 여성 앵커를 흔히 볼 수 있지만 보수적인 이란에서는 얼굴만 내놓고 몸 전체를 가리는 '차도르'를 입고 뉴스를 진행한다.

'파라오'를 떠올리게 하는 강력한 중앙집권제

이집트는 '대통령제' 국가다. 언뜻 한국과 비슷해 보이지만 실제 내용은 조금 다르다. 국회와 사법부가 있는 '3권분립' 체제이긴 하나 대통령 권한이 압도적으로 크기 때문이다.

이집트 대통령은 국가원수이자 군 최고 통수권자다. 게다가 국회의원 일부를 직접 지명할 수 있고 헌법재판소와 사법기구의 수장까지 임명한다. 비상사태 선포권 같은 강력한 카드도 쥐고 있다. 2011년 '아랍의 봄' 혁명으로 물러난 호스니 무바라크 *Hosni Mubarak* 전 이집트 대통령이 '현대판 파라오'로 불린 이유도 여기에 있다. 고대 신처럼 추앙받던 파라오의 절대 권력처럼 그 역시 집권 시절 무소불위의 권력을 휘둘렀다.

한국의 대통령제와 가장 큰 차이점은 연임 규정이다. 현재 압델 파타 알시시*Abdel Fattah El-Sisi* 대통령은 군부의 지지를 바탕으로 2014년 첫 임기를 시작해 2018년 재선에 성공

● 호스니 무바라크 이집트 전 대통령

하더니 헌법을 개정해 대통령 임기를 4년에서 6년으로 늘리고 '3연임 금지' 조항까지 고쳐가며 2023년 치러진 선거에서 3선에 성공했다. 이로써 알시시 대통령은 2030년까지 집권을 이어가게 되었다. 무바라크에 이어 또다른 '장기 집권 파라오'가 탄생하는 것 아니냐는 목소리가 나오는 배경이다.

의회는 있지만 힘이 약하다

이집트 국회는 하나의 의회로 구성된 한국의 '단원제'와 달리 상원과 하원이 있는 '양원제'이다. 하원은 법률 제정과 국가 예산 심의를 맡고 상원은 입법권 없이 법률안에 대한 자문을 제공한다.

하원 의원 596명 중 28명을 대통령이 지명하고 상원 의원 300명 중 무려 100명을 대통령이 직접 발탁한다. 상황이 이렇다 보니 의회는 사실상 대통령을 지지하는 세력으로 꾸려져 있다. 정부의 정책을 공개적으로 비판하거나 반기를 드는 모습을 보기 어려운 이유다. 대통령의 존재감이 워낙 크다 보니 총리가 있기는 해도 실질적인 권한이 적어 정치적 영향력은 미미한 편이다.

이집트 사법 체계

이집트 최고 사법 기관은 '최고헌법재판소*Supreme Constituional*

● 이집트 최고헌법재판소

Court'이다. 법률의 위헌 여부를 가리고 최종적인 법 해석을 내리는 등 한국의 헌법재판소와 비슷한 역할을 한다. 일반적인 재판은 한국처럼 일반법원(1심), 항소법원(2심), 파기원(3심)으로 구성된 3심제를 따른다. 여기서 '파기원'은 한국의 대법원에 해당한다.

이집트에는 한국에 없는 독특한 법원들도 존재한다. 이슬람 율법인 '샤리아'에 따라 무슬림의 가족 관계 등을 다루는 종교법원*Shariah Court*, 국가안보 범죄를 담당하는 국가안보법원*State Security Courts*, 부패와 횡령을 심리하는 윤리법원*Ethics Courts* 등이 그것이다. 이집트의 법 체계는 과거 식민 지배 영향으로 프랑스 법 체계를 받아들이면서도 이슬람 율법의 전통을 결합하며 발전해 왔다.

한때는 북한과 혈맹 관계

이집트는 한때 북한과 '혈맹'이라 부를 정도로 정치 군사적으로 끈끈한 사이였다. 이집트는 한국과 수교를 맺은 1995년보다 32년이나 앞선 1963년에 북한과 외교관계를 수립했다.

단순히 먼저 친해진 것뿐만이 아니다. 1973년 제4차 중동전쟁 당시 북한은 공군 조종사와 군사 고문단을 파견해 이집트군을 직접 도왔다. 당시 이집트의 공군참모총장이었던 호스니 무바라크 전 대통령은 이때의 인연을 소중하게 여겨 대통령이 된 후에도 북한의 김일성 주석과의 관계를 고려해 한국과의 수교를 오랫동안 미루었으며 재임 중 네 차례나 북한을 방문했다.

이집트와 북한의 밀월 관계는 무바라크가 집권하기 전인 안와르 사다트 대통령 시절에도 대단했다. 사다트 대통령 집권기인 1970년대에는 소련조차 북한에 제공하지 않았던 '스커드 미사일'을 비밀리에 넘겨주기도 했다. 카이로 군사박물관에 북한 예술가들이 만든 북한풍의 대형 그림과 조형물이 전시된 배경에는 이런 역사가 숨어 있다. 하지만 1994년 김일성 주석이 사망하고 국제 정세가 변하자 이집트도 실리적인 협력 관계와 경제 발전을 위해 1995년 마침내 한국과 정식으로 외교 관계를 수립했다.

이제는 한국이 더 가깝다

한국과 수교한 이후 이집트의 무게 중심은 점차 한국으로 기울고 있다. 경제와 문화 면에서 협력할 영역이 훨씬 넓기 때문이다. 자동차와 전자 제품, 원자력 발전 등 첨단 산업 분야에서 북한보다는 한국과 손잡는 것이 국가 이익에 훨씬 도움이 된다고 판단한 것이다. 게다가 이집트는 한국을 개발도상국에서 경제 대국으로 성장한 최고의 모델로 삼고 있다.

그렇다고 해서 중동전쟁 때 도움을 준 북한과의 끈을 아예 놓은 것은 아니다. 이집트의 외교 정책은 기본적으로 '북한과의 관계를 존중하되 한국과는 실질적 협력 관계 발전을 중시한다'는 입장이다. 남북한 사이에서 중립을 지키면서 한반도 문제의 평화적 해결을 지지한다는 태도를 취하고 있다.

K-팝과 한류에 빠진 이집트

수교 이후 한국과 이집트는 급속도로 가까워졌다. 특히 2004년 드라마 〈가을동화〉와 〈겨울연가〉가 방영되면서 한류 바람이 거세게 불었다. 지금은 K-팝 아이돌 스타들의 인기에 힘입어 한국의 음식, 패션, 한국어 공부, 유학에 이르기까지 한국 문화 전반이 이집트 청년들의 일상에 깊숙이 파고들었다. 카이로에 있는 한국 식당들은 한류에 힘입어 이제는 현지인과 외국인 관광객들이 줄을 서는 명소가 되었다.

우리 기업들의 활약도 눈부시다. 카이로 시민들의 발이 되는 지하철 전동차 일부는 한국 기업 현대로템이 만들었으며 삼성전자와 LG전자는 이집트 현지에 대규모 가전 공장을 운영하고 있다. 도로 위에서 가장 흔하게 볼 수 있는 승용차 브랜드도 현대차와 기아다. 이집트의 젊은 세대에게 한국은 이제 '가장 닮고 싶고 친숙한 나라'가 되었다.

● 이집트 내 한류 열풍

카이로 특파원 시절, 나는 두 차례 북한 사람을 직접 마주한 적이 있다. 첫 번째는 2011년 12월 김정일 국방위원장이 사망했을 때다. 해외에 있는 모든 특파원에게 북한 대사관이나 북한 관련 동향을 알아보라는 지시가 떨어졌다. 나는 카이로 자말렉 지역의 북한 대사관을 찾았다. 대사관 바깥을 기웃거리며 동향을 살폈더니 검은 정장의 직원들이 다가와 "무슨 일로 왔느냐"며 퉁명스럽게 묻길래 취지를 설명했다. 그러자 "조문 목적이 아니면 어떤 취재나 사진 촬영도 허용할 수 없다"는 차가운 대답만 돌아왔다.

두 번째 만남은 2015년 8월 제2 수에즈 운하 개통식 현장이었다. 행사에 참석한 북한 고위급 인사인 김영남 최고인민회의 상임위원장을 취재하기 위해 그가 머물던 호텔에 찾아갔다. 호텔 로비에서 북한 측 관계자에게 조심스레 인터뷰를 요청하자 그는 어리둥절한 표정을 짓더니 이내 싸늘하게 말했다.

"위험한 생각 하지도 말라우."

그러더니 어느 매체에서 일하냐고 묻길래 연합뉴스 카이로 특파원이라 했더니 "검은 것은 검다고 보도해야 하고 흰 것은 희다고 보도해야 하는 데 왜 그리 보도하느냐"며 한국 언론에 대한 불만을 에둘러 표현하고는 자리를 떴다. 이 짧고도 긴장감 넘치는 만남들을 통해 나는 남북 관계의 높은 벽을 실감할 수 있었다.

남북 관계는 한국의 정권 교체와 국제 정세에 따라 늘 부침을 겪어 왔다. 2018년 남북 정상회담처럼 훈풍이 불 때도 있었으나 북한의 핵 문제와 미사일 도발 등이 겹치며 다시 얼어붙기를 반복했다. 이집트라는 먼 타국에서 마주한 북한인의 차가운 반응은 우리가 풀어야 할 한반도의 숙제가 여전히 무겁다는 사실을 깨닫게 해주었다.

이집트의 실용 외교

이집트는 철저히 국익을 우선하며 러시아(옛 소련 포함)와 미국 사이를 오가는 '실용 외교'를 펼쳐 왔다. 이집트 독립 후 나세르 정권부터 2011년 '아랍의 봄'으로 축출된 무바라크 정권에 이르기까지 이집트는 때로는 미국을, 때로는 소련을 지지하며 자국의 이익을 챙겼다.

무바라크 정권이 몰락한 뒤 2012년 집권한 무함마드 무르시Mohamed Morsi 대통령이 강한 '반미 노선'을 걸었지만 군부 출신의 알시시가 다시 정권을 잡으며 실용 외교 노선으로 회귀했다. 다만 무바라크 시절처럼 일방적으로 미국만 따르지는 않는다. 알시시 대통령은 러시아, 중국과도 외교 관계를 강화하며 미국 중심의 외교에서 벗어나 다변화를 꾀하고 있다.

미국과 러시아·중국 사이에서 줄타기

현재 알시시 정권과 미국과의 관계는 무바라크 시절만큼 돈독하지는 않다. 미국은 이집트가 1979년 캠프 데이비드 협정을 통해 이스라엘과 수교하고 중동 평화에 기여했다는 이유로 매년 막대한 군사 원조를 해왔다. 하지만 알시시 정권이 인권을 탄압하고 대외 정책이 기대했던 것과 달리 전개되자 미국은 원조 규모를 조정하며 불편한 기색을 내비쳤다.

미국과 관계가 서먹해지자 이집트는 러시아와 밀착했다. 알시시 대통령은 2014년부터 2025년까지 여섯 차례나 러시아를 방문해 푸틴 대통령을 만났고 푸틴은 두 차례 이집트를 답방하며 우호 관계를 유지했다. 그렇다고 이집트가 미국과 완전히 등진 것은 아니다. 매년 13억 달러에 달하는 미국의 군사 원조를 무시할 수 없기 때문이다.

이와 함께 이집트는 한국과 일본과의 경제 협력도 강화하고 있으며 사우디아라비아, 아랍에미리트*UAE* 등 이슬람 수니파 국가들과도 긴밀히 협력하고 있다. 특히 사우디아라비아로부터는 경제적 지원을 받고 있는 만큼 그 나라와 사이가 틀어

● 카이로에서 열린 외교장관 회의

졌던 카타르와 한때 외교 관계를 단절할 정도로 사우디아라비아의 입장을 존중하기도 한다.

중동 분쟁의 중재자를 꿈꾸다

이집트의 균형 외교는 러시아와 우크라이나의 전쟁에서 잘 드러난다. 이집트는 2022년 2월 우크라이나를 침공한 러시아를 공개적으로 비판하지도, 그렇다고 우크라이나에 전쟁을 끝내라고 압박하지도 않았다. 침묵을 지키며 전세가 어떻게 흘러갈지 지켜보는 '줄타기'를 하는 셈이다.

동시에 이집트는 여전히 '중동의 중재자'를 자처한다. 이스라엘과 하마스 사이에 무력충돌이 발생하면 언제나 양측 간 중재 역할을 맡는다. 하지만 예전만큼의 영향력을 발휘하지 못한다는 평가도 있다. 카이로에 본부를 둔 아랍연맹 22개국 역시 회원국 간의 갈등(시리아 내전, 걸프 국가 간 분쟁 등)으로 인해 과거와 같은 단결력을 보여주지 못하고 있다.

지리적으로 아프리카 동북부 끝에 있는 이집트는 아프리카 국가들과의 연대도 중시하고 있다. 나이지리아, 에티오피아에 이어 아프리카에서 세 번째로 인구가 많은 이집트는 아프리카연합AU의 주요 회원국으로서 남아프리카공화국, 케냐 등과 함께 대륙의 리더 역할을 하고 있다. 다만 이집트인 다수는 인종적으로 흑인이 주류인 '블랙 아프리카(사하라 이남 아프리카)' 국가들과는 정체성이 다르다고 생각하는 경향이 있다.

함께 생각하고 토론하기

고대 이집트의 파라오는 피라미드와 스핑크스, 거대한 신전 등 세계적인 건축물을 남겼습니다. 이들은 모두 고대 문명의 정수로 꼽히는 인류의 유산입니다. 하지만 이러한 건축물을 짓기 위해서는 수십 년의 시간과 수십만 명에 달하는 노동력이 필요했습니다. 고대에는 '살아 있는 신'으로 추앙받던 파라오의 절대 권력이 있었기에 이런 거대한 건축물 역사가 가능했습니다.

● 고대에는 왕의 권위를 세우고 영생을 기원하기 위해 국가의 자원을 집중했습니다. 만약 오늘날 각 나라의 대통령이나 국왕과 같은 통치자가 자신의 사후를 기리거나 권위를 상징하는 거대한 기념비적 건축물을 짓는다고 한다면 여러분은 찬성하나요, 반대하나요?

●● 고대 이집트인들은 부활과 영생을 믿었기에 모든 피라미드를 해가 지는 나일강 서쪽에 지었습니다. 이처럼 사후 세계에 대한 믿음이 건축이나 지리적 위치 선정에 영향을 미친 사례를 우리나라의 전통 신앙이나 유교적 가치관이 반영된 장례 문화에서 찾아보고 이집트의 문화와 비교해 봅시다.

이집트는 대통령이 많은 권한을 갖고 있는 '대통령 중심제'의 정치 제도를 보유한 나라입니다. 이집트에서는 군 장성을 포함한 군 장교들이 '사회적으로 존경도 받으며 똑똑하고 재능도 갖춘 엘리트 계층'으로 평가 받습니다. 이집트에도 육군사관학교가 있는데 여기에 들어가려면 공부를 매우 잘 해야 하고 육사에 들어가면 신분 상승을 할 수 있는 기회가 될 수도 있습니다.

● 이집트 사회에서 최고 엘리트 계층으로는 군인이 꼽힙니다. 현재 알시시 이집트 대통령도 군인 출신입니다. 군인 출신의 대통령을 어떻게 생각하나요? 지도자로서 능력을 갖췄다면 아무런 문제가 없다고 생각하나요?

●● 이집트의 현재 대통령은 국민 투표를 거쳐 대통령 임기를 더 늘렸습니다. 대통령의 임기가 늘어나면 정책의 일관성이 있고 장기적인 국가 프로젝트를 무리 없이 추진할 수 있는 장점이 있습니다. 반면 대통령이 오랫동안 집권하면 측근 인사들이나 정부 관계자들이 장기간 기득권을 유지하고 싶어 정권이 부패하는 단점이 있습니다. 대통령 임기는 몇 년으로 하는 게 좋을까요? 또 대통령은 몇 번 하는 게 적당할까요?

2부
이집트 사람들의
이모저모

"그의 피는 가볍다."

이집트에서 '피'는 사람의 기질이나 성격을 나타낼 때 쓰는 표현이다.
피가 가벼운 사람은 마음이 밝고 유쾌한 사람을 뜻한다.
사교적인 의미로 칭찬할 때도 쓰인다.
이 속담과 반대되는 말은 '그의 피는 무겁다'로 싫증나는 사람을 표현할 때 사용된다.

수니파 무슬림이 절대적인 이슬람 사회

이집트는 종교와 일상을 뗄 수 없는 나라다. 이슬람은 이집트에서 국가 종교에 버금가는 위상을 갖는다. 하지만 이슬람을 법적인 '국교'로 못 박지는 않았는데 이는 인구의 10%를 차지하는 기독교인들을 배려한 결과이기도 하다. 이집트 성인들이 지니고 다니는 신분증에는 이름과 나이뿐만 아니라 종교도 표시되어 있어 무슬림인지 기독교도인지 알 수 있다.

사실 이집트가 처음부터 이슬람 국가였던 것은 아니다. 고대에는 다신교를 믿었고 7세기 이슬람이 들어오기 전까지는 기독교도가 다수였다. 지금은 무슬림이 절대적으로 많기 때문

에 전국 어디서나 '알라(신)'를 향해 예배하는 이슬람 사원인 '모스크'를 볼 수 있으며 매일 다섯 번씩 대형 스피커를 통해 예배 시간을 알리는 '아잔 *Azan*' 소리가 울려 퍼진다.

수니파 무슬림과 콥트 기독교의 공존과 갈등

이집트 기독교는 우리가 흔히 아는 개신교나 가톨릭과는 조금 다르다. '콥트 기독교 *Coptic Christianity*', 줄여서 '콥트교'라 불리는 이들은 기원후 1세기 무렵부터 이집트에 뿌리를 내린 동방정교회의 일파다. 7세기 이집트가 이슬람 세력에 정복당한 뒤에도 이들은 끈질기게 독자적인 신앙 체계를 지켜왔다.

하지만 오랜 세월 함께 살아왔음에도 다수인 무슬림과 소수

● 수니파 무슬림 사회

인 콥트교도 사이에는 미묘한 갈등과 차별이 존재한다. 콥트교도들은 정치권 진출이나 공직 임용, 교육 기회 등에서 보이지 않는 불이익을 받는다고 느끼기도 한다. 이집트 성인들이 지니고 다니는 신분증에 종교가 표시되는 점 역시 이러한 차별의 근거가 될 수 있다는 지적 역시 나온다.

특히 2011년 '아랍의 봄' 이후 치안이 극도로 불안해졌을 때는 갈등이 수면 위로 드러나기도 했다. 이슬람 극단주의자들이 콥트교도를 대상으로 테러를 감행하거나 거리에서 기독교 여성들을 향해 폭력을 행사하는 사건이 발생했다. 콥트교 여성들은 이슬람 전통 복장인 '히잡'을 쓰지 않기 때문에 거리에서 무

슬림과 쉽게 구별되는데, 이것이 오히려 범죄의 표적이 된 것이다. 이처럼 이집트 사회는 2,000년 역사를 가진 콥트교를 이집트의 일부로 수용하면서도, 종교적 차이로 인한 갈등을 평화적으로 해결해야 하는 숙제를 여전히 안고 있다.

● 이집트에 있는 교회

이슬람 학문의 심장, 알아즈하르

카이로에 있는 알아즈하르*Al-Azhar* 대학은 970년 세워진 세계에서 가장 오래된 대학 중 하나다. 전 세계 이슬람 수니파에서 최고의 권위를 자랑한다. '아즈하르'는 아랍어로 '찬란하게 빛나는'이라는 뜻인데, 예언자 무함마드의 딸 '파티마 알자흐라*Fatima Al-Zahra*'에서 따온 이름이다.

알아즈하르 대학은 단순한 대학을 넘어 이슬람 율법인 '샤리아'를 해석하고 종교적 판단을 내리는 최고 수니파 기관의 역할을 한다. 알아즈하르의 학자인 '울라마'는 이슬람 사회의 중대한 사안에 대해 종교적 가이드라인을 제시한다. 전 세계 이슬람 장학생들이 모여들지만 무슬림이 아니면 입학할 수 없다는 엄격한 규칙이 있다.

이슬람 규율이 엄격함에도 불구하고 이집트는 타 문화를 수용하는 포용력도 지니고 있다. 기독교도 인구가 존재하기 때문에 이슬람에서 금기시하는 술과 돼지고기를 시장에서 구할 수 있다는 점이 대표적이다.

물론 술을 마시려면 이집트 당국의 허가를 받은 식당이나 전문 매장을 이용해야 한다. 카이로에서 외국인이 주로 거주하는 마아디*Maadi* 지역에는 '드링키즈*Drinkies*'라는 주류 매장이 있는데 이집트 자체 브랜드인 '사카라', '스텔라' 맥주와 '케이프 베이' 와인이 인기가 높다. 특이한 점은 맥주를 배달시키면 남의 눈에 띄지 않게 커다란 검은 비닐봉지에 꽁꽁 싸서 보내준다는 것이다. 이슬람 전통과 소수 종교에 대한 관용이 공존하는 이집트만의 독특한 풍경이다.

● 사카라 맥주

● 스텔라 맥주

카이로의 숨은 일꾼,
쓰레기 마을 '자발린'

카이로 동쪽 무카탐 *Muqattam* 지역 바위산 아래에 콥트 기독교인들이 모여 사는 독특한 공동체가 있다. 바로 이집트 최대의 '쓰레기 마을'이다. 이곳은 카이로 전역에서 쏟아져 나오는 온갖 쓰레기를 처리하며 도시의 위생을 책임지는 사회적으로 매우 중요한 역할을 맡고 있다.

2016년 취재를 위해 이곳을 방문한 적이 있다. 마을 입구에 들어서자마자 40도를 오르내리는 한여름의 열기와 쓰레기와 먼지가 뒤섞인 메케한 냄새가 코를 찔렀다. 집집마다 산처럼 쌓인 쓰레기더미 위로 파리들이 까맣게 날아다녔고 시내에서는 보기 힘든 삼륜 자동차 '툭툭'과 당나귀 마차들이 쓰레기를 가득 싣고 좁은 골목을 누비고 있었다.

이 마을 사람들을 아랍어로 '자발린 *Zabbaleen*'이라고 부른다. 쓰레기를 뜻하는 '지발라'에서 파생된 말로 '쓰레기를 수거하는 사람들' 혹은 '가난한 청소부'라는 의미다. 이들은 선풍기조차 없는 열악한 집 안에서 온 가족이 맨손으로 쓰레기를 수거하고 분류하며 생계를 이어간다. 종이, 플라스틱, 알루미늄 캔, 케이블 등 재활용 가능한 것들을 167가지가 넘는 종류로 꼼꼼히 분리해 재활용 회사에 팔고 음식물 찌꺼기는 마을에서 키우는 염소나 개, 고양이의 먹이로 쓴다.

자발린 대부분은 가난한 콥트 기독교인들이다. 2016년 기준 이들의

● 이집트 쓰레기마을

한 달 평균 수입은 우리 돈으로 약 30만 원 안팎이었다. 마을 안에는 빵집, 야채가게, 이발소, 카페, 휴대전화 판매점까지 필요한 상점들이 다 갖춰져 있지만 규모가 매우 작고 영세하다.

그러나 이들의 사회적 비중과 존재감은 결코 작지 않다. 카이로 전체 자발린 인구는 약 5~7만 명에 달하는데, 이들이 하루 동안 카이로에서 수거하는 쓰레기양은 자그마치 9,000톤이다. 이는 프랑스 파리 에펠탑의 무게와 맞먹는 엄청난 양이다. 놀라운 점은 현대적인 설비 없이 오직 수작업만으로 카이로 전체 쓰레기의 약 85%를 재활용해 낸다는 사실이다.

일부 자발린들은 트럭을 사거나 임대하지만 형편이 어려운 자발린들은 새벽 2시부터 당나귀 마차를 끌고 나가 집집마다 놓인 쓰레기 봉투를 거둬온다. 비록 사회적으로는 천대받고 가난한 삶을 살아가고 있지만 이들이 없다면 카이로라는 거대 도시는 며칠도 버티지 못하고 쓰레기 더미에 파묻히고 말 것이다.

이집트에 미치는 종교의 역할과 영향력

이집트에서 이슬람은 단순한 종교가 아니다. 한국 사회의 밑바닥에 유교 문화가 깊이 자리 잡은 것처럼 이집트인의 생활양식 전반에 영향을 미치는 일종의 '삶의 양식'이자 '문화'다. 절대 다수의 국민이 이슬람 교리를 따르다 보니 일상의 규칙 또한 종교적 규율과 맞닿아 있다. 이슬람에서 금지된 규정이나 사안을 '하람*Haram*'이라 부르는 아랍어 표현도 있다.

하지만 이집트는 이슬람 율법을 엄격하게만 강요하지 않는 세속주의 성향도 가지고 있다. 사우디아라비아나 이란처럼 종교 규율이 일상을 완전히 지배하는 나라에서는 술이나 돼지고기 반입 자체가 엄격한 '하람'으로 처벌 대상이지만 이집트 정부는 정육점에서의 돼지고기 판매를 승인해 주기도 한다. 물론 무슬림 이웃을 배려해 내용물이 보이지 않도록 검은 비닐봉지에 꽁꽁 싸서 건네주는 것이 예의다. 맥주 또한 종이 가방이나 검은 봉투에 담아 배달 받을 수 있다. 금기시되는 것일지라도 사회적으로는 어느 정도 융통성이 발휘되는 셈이다.

다른 종교와 문화에 관대한 이집트

이집트는 콥트 기도교도를 비롯한 다른 종교에 관대할 뿐만 아니라 사회 규제도 주변 이슬람 국가들에 비해 상대적으로 느슨한 편이다. 대학교 캠퍼스나 도심 거리에서 데이트를 즐기는 남녀 연인을 쉽게 볼 수 있는 것도 이집트 특유의 역동적이고 개방적인 사회 분위기를 잘 보여준다.

이런 개방성 덕분에 이집트는 중동의 '문화 강국'으로 자리 잡았다. 이집트에서 제작된 영화, 음악, 문학, 드라마 등은 자유롭고 창의적인 내용으로 중동 전역에서 큰 인기를 끌어왔다. 특히 해외로 진출한 수많은 이집트 노동자들은 자국의 문화 콘텐츠를 전파하는 '문화 전령사' 역할도 한다. 교사나 현장 건물 관리자, 건설 근로자로 일하는 이들은 고국에서 만든 영화와 드라마를 보면서 향수를 달래고 그 과정에서 이집트 문화는 자연스럽게 아랍 세계의 표준처럼 퍼져 나갔다.

이집트가 이토록 개방적인 면모를 갖게 된 것은 수천 년 동안 다양한 문명을 포용해 온 역사적 배경과도 무관치 않아 보인다. 이집트인들은 고대 파라오의 후예라는 자부심을 느끼는 동시에 주변 지역과의 교류를 통해 낯선 문화를 받아들이는 데 익숙하다.

실제로 이집트는 고대 다신교 문명부터 그리스, 로마, 이슬람 시대를 거치며 수많은 종교와 문화가 교차해 온 땅이다. 아프리카와 아시아, 유럽을 잇는 지정학적 위치 덕분에 유럽의 문화와 미국의 세속주의 영향력까지 자연스럽게 받아들일 수 있었다. 이러한 역사적 경험들이 쌓여 오늘날 이집트만의 독특하고 포용력 있는 사회적 분위기가 만들어졌다.

● 개방적인 이집트 사회

하루 다섯 번 어디서나 예배 시간을 알리는 모스크의 '아잔' 소리가 울려 퍼지는 이집트인의 삶은 이슬람과 밀접하게 연관돼 있다. 이집트인에게 종교는 생활 그 자체이며 자신을 드러내는 방식이기도 하다.

이러한 특징은 그들이 사용하는 언어에 고스란히 담겨 있다. 이집트인들이 가장 자주 쓰는 인사말과 표현에는 이슬람의 신 '알라'와 평화를 의미하는 '살람'이라는 단어가 자주 들어간다.

• **앗살라무 알레이쿰** *As-salāmu alaykum* "당신에게 평화가 있기를 바랍니다"라는 뜻의 가장 보편적인 인사다. 상대에게 예의를 갖추는 마음이 담겨 있다.

● 이집트에서 종교활동 모습

- **인샬라** *Insha'Allah* "신의 뜻이라면" 또는 "신이 원하신다면"이라는 뜻으로 미래의 일을 말할 때 거의 항상 들어가는 표현이다. 미래는 오직 신만이 알 수 있다는 겸손한 의미를 내포하고 있지만 약속을 중시하는 외국인들에게는 확답을 피하는 모호한 답변으로 들리기도 한다.

- **알함두릴라** *Alhamdulillah* "신께 찬양을", "신께 감사합니다"라는 뜻이다. 어려운 고비를 넘겼을 때나 좋은 일이 있을 때 입버릇처럼 사용한다. 우리말로 치면 "하늘이 도와 천만다행이다" 정도.

개방적인 듯 가부장적인 이집트의 양면성

외국인의 눈에 이집트는 중동에서 비교적 개방적인 나라로 보인다. 하지만 좀 더 들여다보면 가부장적인 문화가 뿌리 깊다는 점도 알 수 있다. 남녀 성차별도 보이지 않게 존재한다. 공공장소나 일상생활에서 남녀의 공간이 분리된 경우를 흔히 볼 수 있다.

대표적인 예가 지하철의 '여성 전용 칸'이다. 여성을 보호한다는 취지이지만 처음 방문한 외국인에게는 당황스러운 경험이 되기도 한다. 나 역시 카이로에 도착한지 얼마 안 되었을 때 인파로 가득 찬 지하철에서 유독 여유로운 칸이 보여 급히 올라탔다가 한 여성 승객으로부터 '여기는 여성 전용 칸'이라

● 이집트 카이로의 한 지하철 역사 내부 사진

는 말을 듣고 진땀을 흘린 적이 있다. 달리는 열차에서 뛰어내리 수도 없고 옆 칸과 연결된 문도 막혀 있었다. 결국 전동차 문이 열리기만을 기다리다가 다음 역에 도착하자마자 부리나케 내렸다.

이러한 분리는 학교에서도 이어진다. 대학교를 제외한 중고등학교에서는 남녀가 섞이지 않은 채 수업을 듣는다. 스포츠 클럽과 같은 장소에서도 남녀의 운동 구획이 엄격히 나뉘어 있다. 사회에 진출해서도 여성은 남성에 비해 제약이 많은 편이며 가정 내에서도 음식 준비 등 가사 노동은 주로 여성이 도맡는다. 보수적인 가정에 남성 손님이 방문하면 여성은 거실에 나와 잠시 인사만 나눌 뿐 자리를 피하는 것이 일반적이다.

교육 제도와 학교생활

　이집트의 교육 제도는 초등학교 6년, 중학교 3년, 고등학교 3년, 대학교 4년제로 한국과 비슷하다. 중학교까지 의무교육이며 국립학교는 대학교까지 무상 교육을 실시한다는 점에서 겉보기에는 훌륭해 보인다. 하지만 그 내면을 들여다보면 한국과는 확연한 차이가 있다.

낙후한 공교육과 깊어지는 빈부 격차

　가장 큰 문제는 교육의 질과 빈부 격차다. 2000년대 들어서도 문맹률이 40%대에 달했을 정도로 이집트의 공교육 체계는

매우 열악하다. 카이로의 국공립 학교 교실은 학생들이 가득 차 책상 하나에 아이들 세 명이 다닥다닥 붙어 앉아 수업을 듣는다. 운동장이 제대로 갖춰지지 않은 학교도 태반이다. 주요 국립대학 강당조차 학생 수에 비해 턱없이 비좁다.

시골 상황은 더욱 심각하다. 농사일에 동원되느라 학교에 가지 못하는 아이들이 많고 어렵게 대학을 졸업해도 제대로 된 일자리를 구하기가 '하늘의 별 따기'이다. 교사라는 직업 역시 공무원 신분이긴 하지만 사회적 대우가 낮고 임금도 적어 인기 직종에서 밀려난 지 오래다.

　공교육이 무너진 자리는 사교육이 대신하고 있다. 재정적 여유가 있는 부유층은 자녀를 1년 학비가 2만 달러(약 2,700만 원)에 달하는 미국과 영국계 초·중·고 국제학교에 보낸다. 1인당 국민소득이 연간 4,000달러(2023년 기준) 수준인 이집트에서 이런 금액은 일반 서민이 꿈도 꿀 수 없는 자금이다.

　고등교육에서도 격차는 뚜렷하다. 부유층 자녀들은 시설과 교수진이 뛰어난 외국계 대학(AUC, GUC 등)에 진학하거나 해외 유학을 떠난다. 반면 국립대학인 카이로대학교는 학비가 무료라 2만 명이 넘는 학생이 몰리지만 재정난으로 시설이 낡고 교육의 질이 떨어져 현지 최고 명문대라는 과거의 명성을 잃

● 시설과 교수진이 좋은 AUC 교정

어가고 있다.

똑똑하고 재능 있는 청년들이 장학금을 받아 해외로 떠난 뒤 고국으로 돌아오지 않는 '인재 유출' 현상은 이집트의 미래를 어둡게 하는 안타까운 현실이다. 다만 최근에는 아인샴스대학교나 아스완대학교 등에 개설된 '한국어학과'가 영어학과 못지않은 인기를 누리며 이집트 젊은 인재들을 끌어모으고 있다.

이집트 교육의 명과 암: 애국주의와 의대 열풍

교실에 스며든 애국주의: 이집트의 교육 과정은 개방적인 가치를 지향하면서도 '애국주의'를 매우 강조한다. 이는 이집트 군부 출신 대통령이 오랫동안 집권한 정치적 배경과 관련이 깊다. 하지만 국가 결속력을 다지는 데는 도움이 되지만 학생들의 창의성이나 자유로운 토론 문화를 위축시킨다는 우려의 목소리도 나온다.

어디나 똑같은 '의대·약대' 인기: 한국처럼 이집트에서도 상위권 학생들은 의대나 약대를 선호한다. 하지만 어렵게 면허를 따더라도 국가가 정한 보수나 대우가 한국만큼 높지는 않다. 그래서 이집트의 많은 의료진이 더 나은 환경을 찾아 해외로 나가는 실정이다.

턱없이 부족한 대학 수: 1억 명이 넘는 인구에 비해 국립대 27개, 사립대 36개라는 대학 숫자는 매우 적은 편이다. 이 때문에 상위권 대학에 들어가기 위한 경쟁은 우리만큼이나 치열하다. 대학을 졸업해도 취업을 보장받지도 못한다. 현지에서 인맥마저 든든하지 못한 가정의 대학생들은 취업 전선에 뛰어들어 치열한 구직 경쟁을 펼쳐야 한다.

이집트인의 스포츠 열정은 경기장 안팎을 가리지 않고 뜨겁다. 대중적인 축구부터 세계 최정상급의 실력을 자랑하는 스쿼시, 그리고 거친 사막과 투명한 홍해를 무대로 한 육상·해상 레저까지, 이집트의 스포츠 세계는 무척이나 다채롭다.

온 국민을 하나로 묶는 축구 열기

이집트에서 최고 인기 스포츠는 단연 축구이다. 이집트 자체 프로 리그의 열기도 대단하지만 영국 프리미어리그*EPL*, 스페인 프로축구 1부 리그 라리가*La Liga*에 대한 관심도 매우 높

다. 특히 이집트 축구 영웅 무함마드 살라가 프리미어리그에서 리버풀 유니폼을 입고 뛰는 날이면 온 국민의 시선이 TV로 향한다. 살라가 골이라도 넣으면 이집트 곳곳에서 천둥 같은 환호성이 터져 나온다.

2017년 이집트가 28년 만에 월드컵 본선 진출을 확정 지었을 때의 감동은 지금도 생생하다. 당시 카이로 특파원이었던 나는 거리로 쏟아져 나온 엄청난 인파를 목격했다. 이집트 국기를 흔들고 경적을 울리며 자동차와 오토바이 행렬, 기쁨에 겨워 춤을 추는 청년들로 도시는 그야말로 열광의 도가니였다. 2002년 한일 월드컵 당시 4강에 진출한 태극전사들의 눈부신 활약에 온 나라가 떠들썩했던 한국 상황과 다를 바 없었다.

이집트의 독특한 응원 문화는 밤늦게 문을 여는 카페에서 펼쳐진다. 무슬림이 다수인 국가라 술을 마시는 대신 '샤이'라 불리는 홍차를 마시거나 '시샤(물담배)'를 피우며 대형 모니터 앞에 모여 단체 응원을 한다. 열성적인 팬이 워낙 많다 보니 가끔은 지나치게 흥분한 팬들과 경찰 사이에 물리적 충돌이 빚어져 경기가 무관중으로 치러지거나 연기되는 해프닝이 벌어지기도 한다.

축구 팬이 민주화 시위대로?

이집트에는 카이로를 연고로 하는 알아흘리*Al Ahly*와 알자말렉*Al Zamalek*, 그리고 알렉산드리아를 연고로 하는 알이티하드*Al Ittihad* 같은 전통 명문 구단이 있다. 이 팀들이 맞붙는 날은 우리나라의 한일전만큼이나 축구 팬들의 관심이 집중된다.

흥미로운 점은 이 열정적인 축구 팬들이 정치적 변화의 주역이 되기도 했다는 사실이다. 실제 2011년 호스니 무바라크 전 대통령의 퇴진을 이끈 민주화 시위 당시 조직력을 갖춘 축구 서포터즈들은 시위 현장에서 중요한 역할을 하기도 했다. 스포츠에 대한 열정이 사회를 바꾸려는 에너지로 이어진 셈이다.

축구 외에 이집트가 세계를 주름잡는 스포츠가 또 있다. 바로 실내 스포츠인 스쿼시다. 이집트는 스쿼시 종목에서 수많은 세계 랭킹 1위 선수를 배출한 자타공인 스쿼시 최강국이다.

매년 이집트에서는 대규모 국제 스쿼시 대회가 열리는데, 그중 8월에 열리는 '알아흐람(아랍어로 피라미드) 국제스쿼시 토너먼트'는 피라미드를 배경으로 야외 유리 코트를 설치해 경기를 치르는 것으로 유명하다. 다만 스쿼시는 주로 중산층 이상이 즐기는 고급 스포츠라는 인식이 강해 축구처럼 대중적인 인기를 누리는 데는 한계가 있다.

● 이집트 스쿼시연맹 홈페이지

지리적 특성을 살린 스포츠도 발달했다. 광활한 사막에서 4륜

구동 자동차로 경주를 벌이는 '파라오 랠리'나 나일강에서 열리는 국제 조정 대회가 대표적이다.

또한 깨끗하고 푸르른 천혜의 해상 자원 홍해를 끼고 있어 수상 스포츠의 천국이기도 하다. 홍해는 시야가 50m 이상 확보될 정도로 맑고 수온이 따뜻해 스쿠버다이빙의 성지로 불린다. 특히 시나이반도의 다합Dahab은 전 세계 다이버들이 모여드는 곳으로 유명하다. 두꺼운 잠수복 대신 수영복에 산소통만 메고 바닷속을 누비는 이색적인 이들도 볼 수 있다.

● 이집트 스쿠버다이빙

이집트는 고대 파라오의 영광을 뒤로하고 현대에 들어서도 예술, 스포츠, 과학 등 다방면에서 전 세계가 주목하는 인물들을 배출해 왔다. 우리에게 낯익은 얼굴부터 인류사에 큰 족적을 남긴 위인들까지 이집트의 자부심이라 불리는 이들을 만나보자.

영원한 은막의 우상, 오마 샤리프

한국인에게 가장 유명한 이집트인은 세계적인 명작 〈닥터 지바고〉, 〈아라비아의 로렌스〉의 주인공 오마 샤리프*Omar Sharif*일 것이다. 이국적인 외모와 훤칠한 키, 트레이드마크인 콧수염

과 뛰어난 연기력은 1960년
대 영화계의 아이콘이 되기
에 충분했다. 1970년대 한국
에서도 그의 인기가 워낙 높
아 '오마 샤리프'라는 담배까
지 출시되었을 정도다.

알렉산드리아에서 태어난 그
는 이집트에서는 '오마르 샤
리프'로 불리지만 영어권에

서는 'r(르)' 발음이 생략된 '오마 샤리프'로 널리 알려졌다. 레
바논계 기독교 집안 출신이었으나 무슬림 여성과 결혼하기 위
해 이슬람교로 개종해 화제를 모으기도 했다. 할리우드에 진
출해 세계적인 스타로 발돋움한 그는 2015년 알츠하이머병을
앓다가 카이로에서 83세의 일기로 별세했다.

이집트의 국민 영웅, 무함마드 살라

스포츠를 좋아하는 청소년에게 가장 친숙한 인물은 단연 영
국 프리미어리그 리버풀에서 활약 중인 무함마드 살라*Mohamed
Salah*다. 폭발적인 드리블과 골 결정력을 갖춘 그는 세계 최고
의 리그에서 성공한 가장 위대한 외국인 선수 중 한 명으로 평

가받는다.

이집트에서 살라는 '국민 영웅' 그 자체다. 살라가 출전하는 날이면 이집트 전 국민이 그의 득점 여부에 온 신경을 쏟는다. 프리미어리그 득점왕은 물론 아프리카 선수 중 유럽 챔피언스리그 최다 골 기록까지 보유한 그는 아랍권 전체의 자랑이다. 2019년 〈타임〉지 선정 '가장 영향력 있는 인물 100명'에 포함될 정도로 위상이 대단하다.

● 무함마드 살라

아랍 최초의 노벨문학상 수상자, 나기브 마흐푸즈

이집트는 지금까지 네 명의 노벨상 수상자를 배출했다. 그 중에서도 이집트 최고의 문호로 꼽히는 나기브 마흐푸즈*Naguib Mahfouz*는 아랍권 최초로 노벨문학상(1988년)을 받은 소설가이다. 그는 대표작 《우리 동네 아이들》이 이집트 사회의 부조리를 다루고 이슬람을 풍자했다는 이유로 이슬람 극단주의자의 암살 기도를 받기도 했다. 이 공격으로 그는 한쪽 시력을 잃는 시련을 겪었으며 이후 병세가 악화되어 창작 활동에 제약을 받다가 2006년 세상을 떠났다. 나 역시 이 책의 한국어 번역본을 읽고 유대교와 기독교, 이슬람교의 탄생과 영향을 소설로 비유한 통찰력에 큰 감동을 받았다. 인류 문명과 종교를 이집트 거장의 시선으로 바라보고 싶은 독자들에게 이 책을 추천한다.

평화와 과학 목소리로 기억되는 인물들

정치권에서는 안와르 사다트*Anwar Sadat* 전 이집트 대통령이 유명한 인물 중 한 명이다. 그는 이스라엘과 평화 협정을 체결한 공로로 1978년 이집트 최초의 노벨평화상을 받았으나 1981년 군사 퍼레이드 도중 이슬람 극단주의자가 쏜 총탄에 쓰러진 비운의 지도자다.

● 안와르 사다트

또 다른 정계 인사로 노벨평화상을 받은 인물은 국제원자력기구*IAEA* 사무총장을 지낸 모하메드 엘바라데이*Mohamed El-Baradei*이다. 그는 2005년 원자력 에너지가 군사적으로 전용되는 것을 막고 평화적으로 사용되도록 공헌한 공로를 인정 받아 노벨 평화상을 수상했다.

과학 분야에서는 1999년 노벨화학상을 받은 아흐메드 즈웨일*Ahmed Zewail*이 있다. 초고속 레이저를 이용해 화학 반응의 비밀을 밝히는 '펨토 화학'의 개척자로 미국 시민권을 얻어 미국인으로 생을 마감했다. 그래서 이집트인 노벨상 수상자 명단에서 빠지기도 하지만 이집트가 낳은 최고의 과학자임은 분명하다.

● 움 쿨숨

예술계에서는 전설적인 여가수 움 쿨숨*Uum Kulthum*이 있다. 1940~50년대 아랍 음악의 황금기를 이끈 그녀가 1975년 숨졌을 때 카이로에는 400만 명의 인파가 모여 슬픔을 나눴다. '아랍 노래의 여왕'이라는 별칭답게 그녀는 이집트인의 영혼을 달래주던 가수였다.

이 외에 세계적으로 이름이 알려진 대부분의 이집트인은 군부 출신의 정치인이다. 군부 내 비밀 조직 '자유장교단'을 결성해 쿠데타를 일으킨 가말 압델 나세르, 그와 함께 혁명을 추진했던 무함마드 나기브, '현대판 파라오'로 30년 철권통치를 하다 '아랍의 봄' 민주화 시위로 축출된 호스니 무바라크, 군인 출신의 현 대통령 압델 파타 알시시까지 군부 출신 지도자들이 중동사에 굵직한 이름을 남기며 오늘날 이집트의 역사를 만드는 데 주도적인 역할을 했다.

이집트는 인구 1억 명이 넘는 북아프리카의 대국으로 중동 전체에서는 인구가 가장 많고 아프리카 대륙에서는 나이지리아, 에티오피아에 이어 세 번째 인구 대국에 속한다.

무엇보다 놀라운 점은 인구의 약 60%가 30세 이하라는 사실이다. 평균 연령은 약 24세로 거리 어디를 가나 활기찬 젊은이들로 북적인다. 초고령 사회로 진입하며 평균 연령 45세를 넘어선 한국과는 정반대의 인구 구조를 가진 셈이다. 이 '젊은 에너지'는 이집트를 미래의 거대한 소비 시장이자 노동력의 원천으로 거듭나게 하고 있다.

이집트인들은 외국인에게 매우 우호적이다. 지하철이나 버스를 타거나 길거리를 걷다 보면 처음 보는 젊은이가 다가와 "어느 나라에서 왔느냐", "종교가 무엇이냐"며 말을 걸기도 한다. 이슬람 국가라고 해서 다른 종교를 배척하지는 않는다. 기독교를 믿는다고 답해도 웃으며 고개를 끄덕이는 포용적인 분위기다. 이는 앞서 말했듯 오랜 세월 인구의 10%인 콥트 기독교인들과 공존해 온 역사 덕분이다.

도심의 중·고등학생이나 대학생들은 외부 문화에 밝고 당당하다. 고대 문명의 후예이자 아랍권을 이끄는 나라의 국민으로서 자부심이 대단하기 때문이다. 다만 이집트 국민 대다수가 경제적으로 넉넉하지 못한 탓에 개인적인 이해관계에는 철저한 편이다. 식당에서 서비스를 받으면 팁을 주는 문화가 당연하게 자리 잡고 있으며 돈 거래에서는 매우 깐깐한 면모를 보이기도 한다.

이슬람을 기반으로 하는 사회인 만큼 음주와 밤 문화는 한국과 크게 다르다. 거리나 야외 카페에서 술을 마시는 모습은 찾아볼 수 없다. 취해서 비틀거리는 사람도 없으니 음주운전 단속 자체도 볼 수 없다. 정부 허가를 받고 술을 파는 음식점은 있지만 밤새도록 운영하지 않고 대부분 오후 10시 전후가 되면 문을 닫는다.

대신 이들은 밤늦게까지 카페에 모여 '샤이(홍차)'를 마시거나 '시샤(물담배)'를 피우며 주로 축구 경기나 뮤직 비디오를 즐긴다. 낮 기온이 워낙 높다 보니 서늘한 저녁에 활발한 사교 활동이 이루어진다.

풍요로운 저택과 거리의 아이들, 깊은 빈부 격차

이집트는 젊고 역동적인 나라이지만 '빈부 격차'라는 무거운 숙제를 안고 있다. 부유한 계층은 정원이 달린 대저택에 살며 운전기사와 가사 도우미를 둔다. 자녀들은 어릴 때부터 사립 국제학교에 다니며 영어에 능통하고 미국이나 유럽 유학을 당연한 코스로 여긴다.

반면 도시의 하위 계층은 최저생계비 지원도 없이 하루하루를 일용직 노동자로 버틴다. 문맹률이 높고 교육 기회가 부족해 가난이 대물림되는 경우가 많다. 도심 쇼핑몰 주변이나 고속도로에서 구걸하는 아이들을 쉽게 만날 수 있는 것은 이집트 경제의 안타까운 이면이다.

　놀라운 사실은 1960년대 초반까지만 해도 이집트가 한국보다 경제적으로 우월했다는 점이다. 당시 한국의 1인당 GDP는 약 79달러로, 이집트(약 153달러)의 절반 수준이었다. 하지만 이후 한국은 수출 주도형 산업화를 통해 세계 10위권의 경제 대국으로 우뚝 섰다.

　반면 이집트는 농업과 관광업 위주의 구조에서 벗어나지 못했고, 국가 주도의 경제 정책이 큰 결실을 보지 못하면서 현재 1인당 GDP는 4,000달러 수준에 머물러 있다. 현재 1인당 GDP가 3만 7,000달러(2025년 기준) 수준인 한국과는 격차가 크게 벌어진 것이다. 젊은 인구라는 강력한 엔진을 가진 이집트가 앞으로 어떻게 산업화의 동력을 마련할 수 있을지가 이 나라의 미래를 결정할 핵심 열쇠가 될 것이다.

● 이집트 도심의 현대식 고층 빌딩과 서민층 주거지

주요 산업과 화폐 단위, 축복과 숙제 사이에서

이집트는 전 세계가 인정하는 관광 대국이다. 이집트 전체 산업의 약 50%가 관광업과 그 연계 서비스업일 정도이다. 국가 경제의 절반이 외국인 관광객의 주머니에 달려 있다고 해도 과언이 아니다.

신이 내린 선물, 관광업의 명과 암

이집트는 관광업이 발달하기에 최적의 조건을 갖췄다. 겨울에도 온화한 기후 덕분에 사계절 내내 관광객의 발길이 끊이지 않으며 여름에는 홍해의 따뜻한 수온이 해양 스포츠 마

● 외국인 관광객의 발길이 끊이지 않는 이집트 시장

니아들을 불러 모은다. 코로나19 이전 호황기에는 나일강 크루즈나 유명 호텔을 예약하려면 최소 6개월 전부터 서둘러야 할 정도였다.

이집트 관광은 한때 테러와 코로나19 사태 여파로 위기를 맞기도 했지만 놀라운 회복력도 보여주었다. 2023년에는 관광객 수가 약 1,490만명에 달했고 그해 관광 수입도 132억 달러(한화 약 17조 원)를 넘어섰다.

흥미로운 점은 혹한기를 피해 전세기를 타고 날아오는 러시아인들이 이집트 관광의 '큰 손'이었다는 사실이다. 러시아인들은 홍해의 따뜻한 햇살 아래 스노클링이나 스쿠버다이빙 같은 해양 스포츠를 즐겼다. 하지만 2015년 이집트 북동부 시나이반도에서 출발한 러시아 여객기가 테러로 추락하고 2023년 러시아-우크라이나 전쟁까지 발발하면서 러시아인 관광객의 발길은 예전만 못한 실정이다.

'로마의 빵창고'에서 최대 식량 수입국으로

관광업 외에 농업과 광공업도 이집트를 지탱하는 주요 축이다. 이집트에서 농사를 짓는 농업 종사자 비중은 전체 노동 인구 가운데 23%에 달한다. 다만 국내 자급자족 규모라 국가 수입에는 그다지 도움이 되지 않는다. 과거 이집트는 '로마의 빵창고'라 불릴 만큼 풍요로운 곡창지대였으나 지금은 인구 급증을 생산량이 따라가지 못해 세계 최대 식량 수입국 중 하나가 되었다.

천연가스 생산과 자동차 부품 생산·조립 등 광공업 비중은 28%에 달한다. 하지만 이 역시 아직은 대규모 흑자를 내기 어려운 구조다. 다행스러운 것은 인건비가 싸다 보니 외국계 기업 공장들이 속속 들어서고 있다는 점이다. 우리나라의 삼성전자와 LG전자도 이집트에 가전 공장을 세워 'Made in Egypt' 제품을 아프리카와 유럽 전역으로 수출하며 이집트 경제에 기여하고 있다.

관광업 다음으로 많은 외화 수입원은 홍해와 지중해를 연결하는 수에즈 운하이다. 아시아와 유럽을 잇는 이 지름길을 통과하는 선박들로부터 걷어 들이는 통행료만 해도 연간 50~60억 달러(약 7~8조 원)에 달한다. 여기에 사우디아라비아와 아랍에미리트와 같은 중동의 원유 부국으로 건너가 일하는 이집트 노동자들이 고국으로 보내는 송금액이 무려 연간 250억~300억 달러(약 33조~40조 원)에 육박한다.

하지만 이런 구조에는 치명적인 약점이 있다. 직접 물건을 만

들어 수출하는 산업 구조가 아니다 보니 외부 요인에 따라 경제적 취약성이 드러날 수 있다. 고대 유산과 천혜의 자연환경, 온화한 기후, 지정학적 선물에 따른 관광업은 전염병이나 전쟁 같은 외부 요소에 쉽게 흔들릴 수 있고 외국에 나간 이집트인이 보내는 외화 수입 또한 현지 사정에 따라 유동적일 수 있다.

미래의 에너지 희망, 천연가스와 원자력

이집트는 엄청난 양의 천연가스를 보유하고 있다. 특히 2015년 발견된 초대형 '조르*Zohr*' 가스전은 이집트를 에너지 수출국으로 만들 핵심 자산으로 주목받고 있다. 다만 이러한 기대감이 실질적 경제적 효과로 이어질지는 의문이다. 기술력과 자금력의 한계로 천연가스를 추출해 수출까지 하는 시스템이 갖춰져 있지 않아서다. 가스 추출과 해외 공급망을 외국 기업에 의존하기도 했으나 '아랍의 봄'으로 정국이 혼란스러워지자 가스 수출 물량은 크게 줄었다. 이후 다시 가스 시설을 재가동해 수출하고는 있지만 큰 수익을 거두진 못하고 있다.

원자력 에너지는 고질적인 전력 부족을 해결하기 위해 북쪽 엘다바 지역에 원자력 발전소를 짓고 있다. 이 발전소 건립에는 한국이 '팀코리아'를 구성해 핵심 시설 시공과 기자재 공급을 맡고 있어 양국 경제 협력의 새로운 전기가 될 것으로 보인다.

화폐 단위와 서민들의 고단한 삶

이집트의 화폐 단위는 영국 식민 지배의 영향을 받아 '이집트 파운드*EGP*'를 쓴다. 현지어로는 '기니'라고 부른다. 이집트 파운드의 가치는 2011년 '아랍의 봄' 민주화 시위 이후 정국이 혼란해지면서 폭락했고 물가는 무섭게 치솟았다. 과거 1달러에 5파운드였던 환율이 최근 몇 년 사이 15~20파운드 수준까지 치솟으며 서민들의 생활고는 심해졌다.

● (위) 이집트 파운드 앞면에 새겨진 파라오 흉상, (아래) 이집트 파운드 뒷면

외환보유액이 크게 줄면서 국가적으로는 국제통화기금IMF 구제 금융을 받을 만큼 대외 신용도가 떨어지기도 했다. 다행히 최근 몇 년간 경제 지표가 회복세를 보이고 환율도 안정을 되찾았으며 실업률도 한 자릿수로 떨어졌다. 하지만 여전히 18%가 넘는 청년 실업률은 이집트가 풀어야 할 아픈 숙제로 남아 있다.

이집트, 특히 카이로와 같은 대도시의 거리는 늘 사람과 차로 북적인다. 이곳 시민들은 어떤 교통수단을 이용해 목적지까지 갈까? 이집트의 대중교통은 최신 기술과 오래된 관습이 묘하게 공존해 있다.

카이로의 핵심, 세계에서 가장 저렴한 '메트로'

이집트 대도시의 가장 중요한 이동 수단은 '메트로'라 불리는 지하철이다. 카이로 지하철은 역사가 깊은 만큼 시설이 낡아 2010년대 중반까지만 해도 에어컨 대신 선풍기가 달린 전

동차가 많았다. 한여름 무더위 속에서 창문을 활짝 열고 지하
터널을 달리는 모습은 카이로 지하철만의 진풍경이었다. 반가
운 소식은 최근 우리나라의 현대로템이 제작한 신형 전동차가
도입되면서 쾌적한 에어컨 바람과 전자 안내판을 갖춘 현대식
지하철이 늘어나고 있다는 점이다.

지하철 요금은 구간에 관계없이 우리 돈으로 200원(2015년
기준) 정도로 세계에서 가장 저렴한 수준이다. 서민들의 생계와
직결되는 핵심 교통수단이다 보니 요금이 조금이라도 오르면
온 나라가 들썩일 만큼 매우 민감한 이슈로 떠오르기도 한다.

여성 전용 칸과 히잡을 쓴 여경

카이로 지하철에서 볼 수 있는 독특한 광경 중 하나는 여성
전용 칸과 히잡을 쓴 여경이 무리를 지어 역사를 순찰한다는
것이다. 인파가 아무리 붐벼도 남성들은 절대 여성 전용 칸에
타지 않는다. 만약 실수로라도 타게 되면 승객들이 경찰에 신
고할 정도로 규칙이 엄격하다.

● 이집트 전동차

● 이집트 마이크로버스

지하철만큼이나 많이 이용하는 교통수단은 '마이크로버스'라고 불리는 봉고차다. 우리나라의 마을버스 같은 역할을 하는데, 차체 어디에도 행선지 표지판이 없다. 대신 운전기사가 행선지를 큰소리로 외치거나 손가락 모양(수화)으로 방향을 알려준다.

외국인 관광객이 타기에는 난도가 매우 높지만 카이로 구석구석을 거미줄처럼 연결하고 있어 현지인들에게는 없어서는 안 될 소중한 교통수단이다. 요금은 구간에 따라 조금씩 다르고 시민들은 알아서 현금으로 계산한다.

이집트에서는 아랍어가 가능하고 마이크로버스 노선만 잘 알면 저렴한 가격에 전국 어디든 갈 수 있다. 다만 좁은 차 안에서 낯선 이들과 어깨를 맞대고 앉아 이집트인 특유의 수다와 체취를 감내해야 한다.

카이로에는 '오토버스'라 불리는 대형 시내버스가 있다. 행선지가 아랍어로만 표시되어 있어 현지 언어를 알지 못하면 낭패를 볼 수도 있다. 대부분의 오토버스는 낡고 탑승객들로 북적이는 데다 배차 간격이 길어서 인기 있는 편은 아니다.

택시는 비교적 부유한 중산층이 이용한다. 현지인들은 택시 요금이 어느 정도인지 알기 때문에 괜찮지만 외국인이 탑승하면 미터기를 끄고 바가지 요금을 요구하는 경우도 있으니 주의해야 한다. 재미있는 점은 택시 색깔이 도시마다 다르다는 것이다. 카이로는 흰색, 알렉산드리아는 노란색과 주황색, 룩소르는 파란 무늬가 섞인 흰색이다.

기차 타고 떠나는 도시 여행 '네페르티티석'

도시를 멀리 이동할 때는 시외버스와 기차를 이용한다. 기차 좌석은 꽤 세분되어 있는데 가장 비싼 침대칸부터 1~3등석까지 다양한다. 그중 눈에 띄는 명칭은 '네페르티티석'이다. 이집트의 전설적인 미녀 왕비이자 파라오였던 네페르티티 *Nefertiti*의 이름을 딴 좌석으로 1등석 다음으로 좋은 칸을 의미한다. 좌석 등급에 따라 에어컨 유무와 의자 크기가 천차만별이다. 광활한 영토를 가로지르는 이집트 기차 여행을 계획한다면 주머니 사정에 맞춰 고르면 된다.

함께 생각하고 토론하기

이집트 대도시 학부모들의 교육열은 한국 못지않게 뜨겁습니다. 자녀를 명문대에 보내 좋은 직장을 갖게 하려고 과외를 시키는 모습은 우리와 매우 닮아 있습니다. 하지만 이면에는 열악한 교사 처우와 부족한 정부 예산 등 부실한 공교육 시스템이 자리 잡고 있습니다. 이로 인해 부유층은 값비싼 사교육과 외국계 학교로 몰리고 서민층 자녀들은 교육에서 소외되는 빈부 격차의 악순환이 이어지고 있습니다.

● 교육 제도가 한 개인의 삶을 넘어 국가의 미래 경쟁력에 어떤 영향을 미친다고 생각하나요?

●● 교육의 격차가 대학 진학이나 취업을 넘어 결혼이나 사회적 신분 결정에도 영향을 끼친다는 의견에 동의하나요? 그 이유는 무엇인가요?

●●● 공교육의 질을 높이면서 사교육의 장점을 수용할 방법은 없을까요? 국가의 지원과 개인의 노력이 어떤 비율로 조화를 이루어야 교육의 평등이 실현될 수 있을지 토론해 봅시다.

● 한국의 대학교나 관광지에서 히잡을 쓴 무슬림 여성을 마주했을
때 여러분은 어떤 생각이 드나요? 타국의 문화를 존중하는 마음과
그 나라의 관습이 충돌할 때 어떤 가치를 우선해야 할까요?

●● 유대교의 '키파(머리에 쓰는 작은 모자)'나 시크교의 '터번'처럼
개인의 신앙을 드러내는 복장을 외국에서도 유지하는 것을 어떻게
생각하나요?

●●● 개인의 종교적 자유와 그 사회의 문화적 관습이 충돌할 때
우리는 서로를 어디까지 이해하고 포용해야 할까요? 진정한 '다문화
공존'을 위한 구체적인 방법에는 무엇이 있을지 이야기해 봅시다.

역사로 보는 이집트

“자신의 역사를 모르는 사람은 미래를 건설할 수가 없다.”

자신의 뿌리와 역사를 이해하는 자만이 미래도 충실하게 준비할 수 있다는 의미.
이집트 학교나 박물관에서 자주 인용되는 격언으로
이집트 고대 문명에 대한 자부심을 드러낸 표현이기도 하다.

파라오와 신전 전성시대, 이집트 고대사

이집트 고대사는 인류 문명의 '보물창고'와도 같다. 수천 년 전의 시대상을 보여주는 유적이 지금까지도 남아 있는 세계 유일의 고대 문명이기 때문이다. 고대 문명의 꽃을 피운 기간만 해도 3,000년에 달할 정도로 길며 그동안 거쳐 간 왕조는 30개, 최고 통치자인 파라오는 300여 명에 이른다. 이 기나긴 시간 속에서 파라오들이 펼친 통치 방식은 오늘날 우리 인류 문명과 역사에도 여전히 깊은 숨결을 불어놓고 있다.

고대 이집트인들은 자신의 나라를 '켐트*Kemet*'라고 불렀다. 직역하면 '검은 땅'이란 뜻인데, 나일강이 범람하며 가져다준 비옥한 흙 덕분에 붙은 이름이다. 이 시기는 파라오가 절대적인 권력으로 다스렸기에 '파라오 왕조'라고도 불린다. 파라오 왕조의 시작은 기원전 3100년경, 남북으로 나뉘어 있던 이집트를 메네스 왕이 최초로 통일하면서다.

이후 파라오 왕조는 알렉산더 대왕이 이집트를 정복한 기원전 332년까지 약 2,800년 동안 지속되었다. 알렉산더 대왕은 지중해 건너 마케도니아에서 온 외부 세력이었지만 이집트의 고유한 문화와 종교, 파라오식 통치 체제를 존중하고 인정했던 지도자였다. 화려했던 이 왕조 시대는 마케도니아의 후손인 클레오파트라 여왕이 통치한 프톨레마이오스 왕조를 끝으로 막을 내리게 된다.

30개 왕조가 흥망성쇠를 거듭한 고대 이집트는 파라오 혈통과 시대적 특색에 따라 크게 고왕국, 중왕국, 신왕국으로 구분하여 살펴볼 수 있다.

이집트 고대 문명사의 첫 페이지를 장식한 파라오는 메네스
*Menes*이다. 그는 남북으로 쪼개진 이집트를 통일하고 기원전
3150년경, 지금의 수도 카이로에서 남쪽으로 조금 떨어진 '멤
피스'를 수도로 삼았다. 오늘날 멤피스를 찾아가 보면 대추야
자 농장들이 늘어선 평범한 시골 마을처럼 보인다. 고대 유적
을 모아 놓은 작은 박물관만이 이곳이 한때 고대 이집트 최고의
도시였음을 알려줄 뿐이다. 메네스와 그의 아들이 통치한 시기
를 1왕조, 뒤이어 오른 또 다른 파라오 5명이 통치한 200여 년
을 2왕조로 한다.

고대 문명의 황금기인 고왕국 시대는 3왕조 때부터 10왕조
때까지를 일컫는데 일부 학자는 고왕국을 3왕조~6왕조로 정
의한다. 3왕조가 본격적으로 태동한 시기는 기원전 2700년이
다. 그 이후의 7왕조~10왕조는 대혼란과 파괴의 시기여서 고
왕국에 포함되지 않고 '제1중간기'로 분류되기도 한다.

3왕조 시대에 접어들면 우리가 잘 아는 '피라미드'의 역사
가 시작된다. 3왕조의 조세르 파라오는 당대 최고의 건축가인
임호테프에게 지시해 멤피스 인근 사카라 지역에 최초의 계단
식 피라미드를 세웠다. 당시 멤피스가 살아 있는 최고의 도시
였다면 사카라는 그 도시의 거대한 공동묘지인 셈이다. 사카
라는 피라미드의 본산지로 오늘날에는 이집트의 대표 맥주 브

● 이집트 고대사 스핑크스

랜드로 쓰일 만큼 상징성이 큰 지역이다.

4왕조에 이르면 역사상 가장 유명한 파라오들인 쿠푸, 카프레, 멘카우레가 등장한다. 이들은 카이로 외곽 기자 언덕에 그 유명한 '대피라미드군'과 신비로운 스핑크스를 세웠다. 맨 왼쪽에 있는 가장 큰 피라미드는 '쿠푸 피라미드', 중간에 있는 것은 '카프레 피라미드', 오른쪽 가장 작은 크기의 피라미드는 '멘카우레 피라미드'이다. 피라미드군과 스핑크스 조각상은 파라오와 함께 태양신을 숭배하는 공간을 보여주며 두 건축물은 좁은 통로로 연결되어 있다.

그 이후 5왕조 때는 피라미드 내부에 문자 기록을 남기기 시

작하며 전성기를 누렸지만 7왕조부터 왕권이 약해지며 고왕국
은 분열과 혼란의 시기로 접어들게 된다.

세계 최고의 건축가 임호테프

임호테프*Imhotep*는 파라오는 아니었지만 고대사에서 '신적인 존재'로 추앙받는 인물이다. 오늘날의 국무총리에 해당하는 고위 관료였던 그는 인류 역사상 최초로 석재를 이용한 계단식 피라미드 *Step Pyramid*를 설계했다. 카이로 남쪽에 세워진 이 피라

● 임호테프 조각상

미드는 이후 피라미드 중간 부분의 각도가 바뀌는 굴절 피라미드, 기자의 대피라미드 등 고대 피라미드 역사의 시발점이 됐다.
진흙 벽돌 시대를 끝내고 대규모 석조 건축 시대를 연 인물이기에 임호테프는 '세계 최초의 건축가'로 불린다. 그는 건축뿐만 아니라 파라오의 고문, 신에게 제사를 지내는 대제사장, 천문학자로서도 두각을 나타냈다. 사카라 지역 인근에 임호테프를 기리기 위한 피라미드가 존재한다는 설이 있지만 발견되지는 않았다.
임호테프는 의학 기술도 발전시켜 그리스와 로마에서는 그를 '의술의 신'으로 숭배하기도 한다. 임호테프는 생존해 있을 때보다 사후 약 2,000년이 지난 뒤 신격화되면서 유명세를 탄 인물이다. 사카라에는 그의 건축 업적과 고대 이집트 문화를 기념하기 위한 '임호테프 박물관'이 있다.

안정과 부흥의 중왕국 시대(기원전 2055~1570년)

고왕국 말기의 대혼란을 딛고 이집트를 다시 통합한 인물은 멘투호테프 파라오였다. 그가 세운 11왕조를 시작으로 중왕국 시대가 열렸다. 이 시기는 국가 체제가 정비되고 강력한 중앙 집권 제도가 다시 확립되면서 예술과 문학이 꽃을 피운 부흥기로 평가받는다.

장례 미술이 발달하고 고전 문학이 수준 높게 성장했지만 13왕조 이후 국력이 다시 약해지기 시작했다. 결국 북동쪽에서 침입해온 이민족 '힉소스'에게 나라를 내어주는 등 혼돈의 시기를 겪으며 17왕조를 끝으로 중왕국 시대도 저물게 된다.

대제국의 영광, 신왕국 시대(기원전 1570~1069년)

신왕국은 이집트 역사상 가장 강한 국력을 자랑하며 영토를 대폭 확장하고 거대한 신전 건축물들이 대거 들어선 시대다. 나일강 삼각주 일대를 점령했던 힉소스족을 몰아낸 아흐모세 파라오가 제18왕조의 문을 열며 신왕국 시대가 본격적으로 펼쳐졌다.

이 시기 이집트는 동쪽으로는 지금의 이라크가 있는 유프라테스강까지, 남쪽으로는 수단까지 세력을 뻗쳤다. 특히 고대 최고의 여왕 하셉수트는 룩소르(고대 이집트 지역명 테베) 지역에 최

초의 신전을 지어 피라미드 시대를 지나 새로운 '신전의 시대'
를 열었다.

그 뒤를 이은 투트모스 3세는 통치 기간에 최대 영토를 거느
렸고 룩소르 신전이나 멤논 거상 같은 거대 건축물들을 세우며
전성기를 누렸다. 이때 등장하는 인물이 바로 '비운의 파라오'
투탕카멘이다. 투탕카멘은 전통 신앙을 부정하고 아톤 신만을
섬기는 종교 개혁을 단행했던 아멘호테프 4세의 아들로 태어났
다. 종교 개혁의 실패로 왕실 내 권력의 공백 속에서 고작 9살

● **고대 이집트 지도** (기원전 13세기)

의 나이에 왕위에 올라 9년 정도 이집트를 다스리며 급진적 종교 개혁을 철회하고 과거 신앙 체제를 복원했지만 만 18세 무렵 요절했다. 짧은 생애와 달리 그가 남긴 '황금 가면'은 오늘날 이집트 고대 문명 최고의 보물로 꼽힌다. 지금도 이집트 박물관에 가면 투탕카멘의 표정과 기운이 그대로 전해지는 정교한 황금 가면을 직접 볼 수 있다.

신왕국의 영광은 람세스 2세 때 최고 절정에 달한다. 그는 히타이트족의 침입을 전투 끝에 격퇴하고 이집트 남쪽 아스완에 거대한 '아부심벨 신전'을 지어 명성을 드높였다. 나일강 상류에 세워진 이 신전의 웅대함이 얼마나 대단했는지 수단의 지방 세력들은 아부심벨을 보는 것만으로도 기가 눌려 이집트를 침략할 엄두조차 내지 못했다고 한다. 그의 위세가 워낙 대단했기에 이후 파라오들은 너도나도 그의 이름을 따 '람세스'라 칭하며 그 권위를 빌리고자 했다. 그러나 20왕조의 마지막 파라오 람세스 11세 때 국력은 극도로 쇠약해졌고 신왕국도 이집트 고대사에서 사라졌다.

신왕국 이후 혼돈기와 알렉산더 대왕의 지배
(기원전 1069~341년)

찬란했던 이집트 고대 문명은 신왕국 이후 혼돈기를 지나

● 투탕카멘

쇠퇴기를 맞이하게 된다. 신왕국 말기로 간주되기도 하는 제25왕조에 들어서면서 이집트는 또 다른 강국인 아시리아의 침입을 받아 국력이 급격히 약해졌다. 뒤이은 제27왕조에서 제30왕조 사이에는 페르시아의 속국으로 전락하는 아픔을 겪기도 했다. 이 시기에는 이집트인이 아닌 페르시아 출신 지도자들이 파라오로 등극하여 이 땅을 통치했다.

그러다 기원전 332년, 마케도니아의 알렉산더 대왕이 이집트를 정복하면서 3,000년을 이어온 고대 파라오 왕조는 사실상 그 명맥이 끊기게 된다. 이 시점부터는 정통 이집트 왕조에 포함되지 않고 '헬레니즘 시대' 혹은 '그리스-로마 시대'로 간주하는 것이 일반적이다. 다만 일부 학자들은 알렉산더 대왕이 점령했던 시기까지를 '후기 왕조'로 분류하기도 한다. 여기서 말하는 '헬레니즘'이란 고대 그리스 문화가 확산하는 과정에서 이집트의 고유 문화와 그리스 문화가 융합되어 나타난 새로운 문화적 흐름을 의미한다.

알렉산더 대왕은 이집트를 정복한 후 자신의 부하인 프톨레마이오스 장군을 이집트 총독으로 임명했다. 이로써 이집트나 주변국 세력이 아닌 완전히 새로운 그리스계 가문이 집권하는 '프톨레마이오스 왕조' 시대가 열렸다. 프톨레마이오스는 스스로를 이집트의 왕이라 칭하며 기존의 왕조 체제를 계승하는 모습을 보였는데, 이 때문에 넓은 의미에서 이 왕조까지 이집트 말기 왕조의 범주에 넣기도 한다.

프톨레마이오스 왕조의 마지막 왕은 바로 그 유명한 클레오파트라 여왕이다. 하지만 영원할 것 같던 이 왕조도 로마의 황제 옥타비아누스가 '악티움 해전'에서 클레오파트라와 로마 장군 안토니우스의 연합군을 무찌르면서 종말을 고했다. 이집트가 마침내 로마의 속국으로 완전히 합병된 것이다.

이 무렵 이집트에 기독교가 유입되면서 오늘날의 '콥트 기독교'로 발전하는 계기가 되었다. 이후 로마가 동서로 분열되면서 이집트는 동로마 제국(비잔틴 제국)의 지배권으로 넘어갔고 또다시 끊임없는 외세의 침입 속에 혼란스러운 역사의 파도를 맞이하게 된다.

일부 학자들은 고대 이집트의 마지막인 '후기 왕조'조차 신왕국 범주에 포함하기도 한다. 이 관점에 따르면 신왕국은 총 13개 왕조, 80여 명의 파라오가 무려 1,200년 동안 통치한 셈이 되어 고왕국이나 중왕국 시기보다 훨씬 긴 역사를 갖게 된다.

가장 유명한 파라오는 람세스 2세

람세스 2세*Ramesses* II는 기원전 1303년부터 1213년 생존한 파라오로 아버지 세티 1세의 뒤를 이은 이집트 역사상 가장 강력한 왕이다. 그의 통치 기간 동안 이집트는 가장 안정됐고 영토도 대폭 확장됐다. 고대인의 평균 수명이 짧았던 것을 고려하면 60년 넘게 이집트를 통치하고 90세까지 장수했다는 사실은 경이로운 기록이다.

그의 일대기는 프랑스 소설가 크리스티앙 자크의 5권짜리 소설 《람세스》로도 잘 알려져 있다. 고대 이집트의 정치와 전쟁, 외교, 권력 투

● 아부심벨 람세스2세 조각상

쟁, 사랑이 흥미진진하게 얽혀 있는데 나 역시 매우 재미있게 읽었다.

람세스 2세는 군사력뿐만 아니라 외교와 건축에서도 독보적인 업적을 이룬 파라오였다. 이집트 남부 아스완에 있는 아부심벨 신전은 람세스 2세의 가장 뛰어난 건축물로 손꼽힌다. 신전의 정문을 지키는 거대한 그의 좌상 4개는 그의 권위를 상징한다.

또한 람세스 2세는 고대 전쟁사에서 빼놓을 수 없는 '카데시 전투'의 주인공이기도 하다. 카데시는 지금의 시리아 서부 지역이다. 람세스 2세는 히타이트 제국과 벌인 카데시 전투 기록이 담긴 왕실의 기록물과 신전 곳곳에 자신을 '위대한 승리자'로 묘사했다. 이 전쟁 직후 람세스 2세는 히타이트와 평화조약을 맺었고 이 조약은 세계 최초의 국제 평화조약으로 기록되어 현재까지도 조약문이 남아 있다.

람세스 2세는 생전에 수많은 부인과 자녀를 두어 왕실의 권위를 강화했다. 후대 파라오들은 그의 이름을 따 권위를 유지하려 했고 '람세스 11세'까지 등장했다. 람세스 2세의 미라가 1881년 룩소르에서 실체가 분명한 모습으로 발견돼 학계를 깜짝 놀라게 하기도 했다. 람세스 1세는 람세스 2세의 할아버지로 통치 기간이 1~2년밖에 되지 않은 데다 자신의 손자와 비교하면 이룬 업적이나 기록도 거의 남아 있지 않다.

이집트 연대기

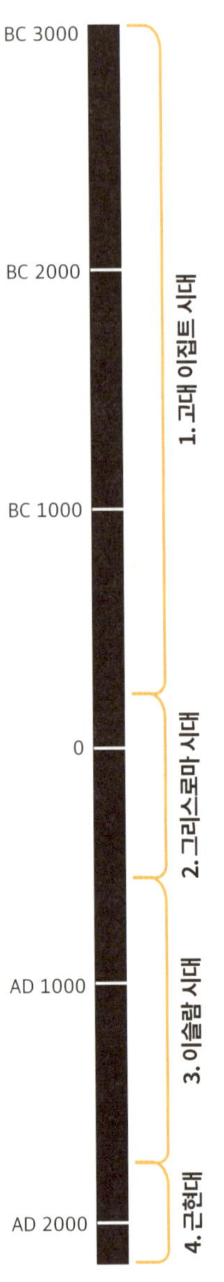

1. 고대 이집트 시대 (기원전 3000~기원전 341)

- **나일 문명의 태동과 초기 왕국**: 나일강을 중심으로 문명이 시작, 세계관을 담은 상형문자 발명, 메네스 파라오가 상하 이집트를 통일하며 통일 왕조 시대.
- **피라미드와 고왕국 시대의 번영**: 조세르의 계단식 피라미드를 시작으로 기자의 대피라미드와 스핑크스 건설, 파라오의 절대 권력, 뛰어난 건축 기술.
- **신앙과 사회 구조**: 태양신 '라'를 중심으로 한 다신교 신앙이 국가의 근간, 파라오 아래 서기와 귀족 등 엘리트 계층과 대다수 농민으로 구성된 사회 형성.
- **혼란과 새로운 사상의 대두**: 고왕국 쇠퇴 이후 제1중간기의 혼란 속 이전 질서 무너지고 문학 등을 통해 개인의 자유와 평등에 대한 사상이 나타나기 시작.
- **신왕국의 성립과 정복 군주들**: 아시아에서 온 힉소스족의 지배에 저항한 신왕국 시대. 하트셉수트, 투트모세 3세, 람세스 2세 등 강력한 파라오들 제국의 황금기.

2. 그리스로마 시대 (기원전 332~기원후 640)

- **알렉산더 대왕의 정복과 프톨레마이오스 왕조**: 페르시아를 몰아낸 알렉산더 대왕이 이집트를 정복, 그의 사후 부하였던 프톨레마이오스가 헬레니즘 시대 개막.
- **알렉산드리아의 학문과 기술**: 세계 최대 규모의 알렉산드리아 도서관과 '세계 7대 불가사의' 중 하나인 파로스 등대를 통해 고대 세계의 학문, 문화, 기술의 중심지로 번영.
- **클레오파트라와 로마의 지배**: 마지막 파라오인 클레오파트라 7세가 로마의 안토니우스와 손잡았으나 악티움 해전에서 옥타비아누스에게 패배해 로마 제국의 속주로 편입.
- **기독교의 전파와 중심지 부상**: 로마 시대에 기독교가 전파되기 시작, 로마의 박해에도 교세를 확장, 특히 알렉산드리아는 초기 기독교 5대 교구 중 하나.
- **비잔틴 제국으로의 편입**: 로마 제국의 동서 분열로 이집트는 동로마, 즉 비잔틴 제국의 영토로 편입.

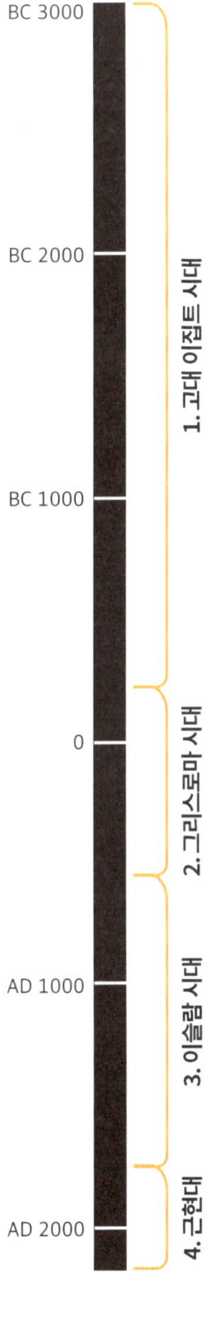

3. 이슬람 시대 (640~1798)

- **아랍의 정복과 이슬람화**: 아라비아반도에서 발흥한 이슬람 군대가 비잔틴 제국 몰아내고 이집트 정복, 이후 점진적인 아랍화와 이슬람화가 시작.

- **카이로의 건설과 문화 중심지 부상**: 파티마 왕조가 이집트를 정복하고 새로운 수도 '카이로' 건설.

- **살라딘의 활약과 십자군 전쟁**: 쿠르드족 출신의 영웅 살라딘이 아이유브 왕조를 세우고 유럽의 십자군에 맞서 예루살렘 탈환.

- **맘루크 왕조의 통치**: 노예 출신 군인 계층인 맘루크가 술탄이 됨. 이들은 막강한 몽골군을 격퇴, 남아있던 십자군 세력을 완전히 몰아내는 등 강력한 군사력을 자랑.

- **오스만 터키의 정복**: 포르투갈의 인도양 진출로 중개무역의 이점을 잃고 맘루크 왕조는 결국 오스만 터키에 의해 정복당하며 오스만 제국의 일부가 됨.

4. 근현대 이집트 (1798~현재)

- **나폴레옹의 침입과 서구 충격**: 프랑스의 나폴레옹이 이집트를 침공하며 근대 시대가 시작. 이때 발견된 '로제타석'은 고대 이집트 상형문자를 해독하는 결정적인 열쇠.

- **무함마드 알리의 근대화 개혁**: 오스만 군대의 장교였던 무함마드 알리가 권력을 장악. 다방면에 걸친 근대화 개혁 추진, 수에즈 운하 개통.

- **영국의 지배와 민족주의 운동**: 재정난과 민족주의 세력의 반란을 계기로 영국이 이집트를 실질적 지배. 이후 민족주의 운동이 꾸준히 전개, 1922년 명목상의 독립 선언.

- **왕정의 종식과 공화국의 수립**: 1952년 가말 압델 나세르가 이끄는 '자유장교단'이 쿠데타를 일으켜 오랜 왕정을 무너뜨리고 공화국을 선포하며 완전한 주권 회복.

- **중동 전쟁과 평화 협정**: 공화국 수립 이후 이스라엘과 네 차례의 중동 전쟁. 이후 안와르 사다트 대통령은 아랍 국가 최초로 이스라엘과 평화 조약, 그의 암살 이후 무바라크가 장기 집권.

ⓒ 박영석 연합뉴스

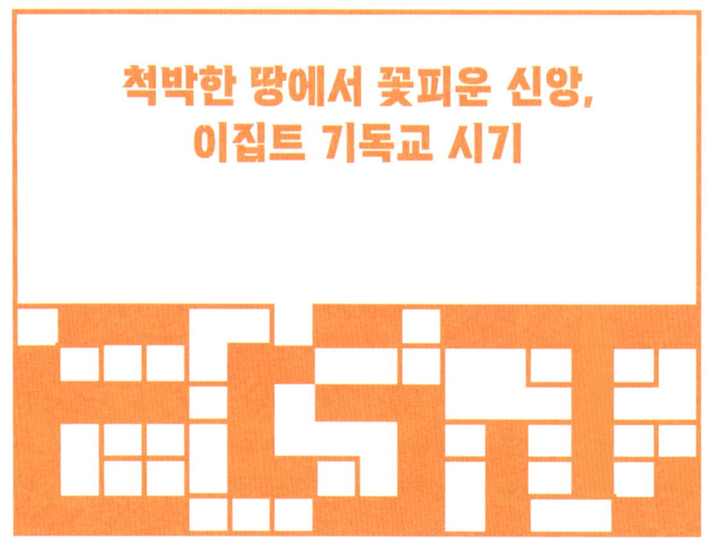

오늘날 이집트는 대표적인 이슬람 국가로 알려져 있지만 사실 그 내면에는 수천 년을 이어온 유구한 기독교의 역사도 있다. 이집트에 기독교가 처음 발을 내디딘 시기는 로마의 지배를 받던 1세기 중반으로 거슬러 올라간다.

알렉산드리아에 뿌리 내린 복음의 씨앗

기독교 전파의 중심에는 성 마르코(마가)가 있다. 이집트에서 오랜 기간 전통적으로 이어져 내려오는 이야기에 따르면 마르코는 북아프리카 키레네*Cyrene* 지역의 유대인 가문 출신으로 알려진 인물이다. 마르코는 그는 제2의 도시이자 지중해의 관문인 알렉산드리아에 처음으로 교회를 세우고 복음을 전파했다.

하지만 초기 기독교의 길은 험난했다. 당시 로마 제국은 기독교를 엄격히 탄압했고 이에 신자들은 박해를 피해 지하 깊숙한 곳에 교회를 짓고 숨죽여 기도를 올렸다. 그러다가 트라야누스 로마 황제가 기독교인 수배를 중단하라는 칙령을 내렸고 마침내 313년 신앙의 자유를 보장하는 '밀라노 칙령'이 선포되면서 기독교는 지중해를 건너 빠르게 퍼져 나갔다.

알렉산드리아는 곧 기독교 신학의 중심지로 우뚝 섰다. 2세기 중반에 이르러 기독교는 알렉산드리아를 넘어 이집트 전역의 주요 종교로 자리 잡았고 머나먼 남부 지역까지 그 세를 넓혔다. 훗날 로마가 동서로 나뉘는 격변기를 거치면서 이집트에서는 자생적인 신앙 공동체인 '콥트*Coptic* 교회'가 형성되어 오늘날까지 그 명맥을 이어오고 있다.

시나이산과 모세의 '출애굽기'

알렉산드리아에서 해변을 따라 오른쪽으로 향하면 웅장한 시나이반도가 나타난다. 이곳에는 전 세계 기독교인이 평생에 한 번은 가보고 싶어 하는 성지 '시나이산'이 우뚝 솟아 있다. 시나이산은 구약성경의 가장 극적인 장면인 모세의 이야기와

● '모세와 홍해의 기적'을 시각화한 모습

연결되는 곳이다. 과거 파라오의 잔혹한 탄압에서 벗어나기 위해 히브리인들을 이끌고 이집트를 탈출한 모세는 신의 뜻에 따라 '젖과 꿀이 흐르는' 가나안으로 향했다. 우리는 이 거대한 여정을 '출애굽기出埃及記'라 부른다. 여기서 '애굽'은 이집트를 한자로 표기한 것이니, 이는 곧 '이집트 탈출기'라는 뜻이다.

모세가 메마른 돌산인 시나이산에서 신으로부터 십계명을 받았다는 전승은 오늘날까지 전해지고 있다. 시나이산 정상 부근은 지금도 나무 한 그루 보기 힘든 거칠고 황량한 모습이다. 그러나 그 척박함 속에서 신의 계시를 기다렸을 모세의 흔적을 느끼기 위해 오늘도 수많은 성지순례객이 가파른 시나이산을 오르며 성스러운 기운을 마주하고 있다.

이집트의 역사를 논할 때 이슬람 시대를 빼놓는 것은 불가능에 가깝다. 7세기 중반부터 시작된 이슬람의 영향력이 오늘날 이집트의 정치, 경제, 사회, 문화를 이루는 가장 단단한 뿌리가 되었기 때문이다.

복음의 땅에서 아랍의 중심으로

이집트가 종교적으로 거대한 전환점을 맞이한 것은 기원후 640년의 일이다. 이슬람교가 태동한 사우디아라비아 지역에서 온 이슬람군이 당시 동로마 제국(비잔틴 제국)의 지배하에 있던 이집트를 정복한 것이다.

이 사건은 이집트인들의 삶을 송두리째 바꿔놓았다. 대다수가 기독교인이었던 이집트인들은 점차 새로운 종교인 이슬람을 받아들여 무슬림으로 개종하기 시작했고 일상 언어 역시 고대 이집트어의 맥을 잇던 '콥틱어' 대신 '아랍어'가 그 자리를 차지하게 되었다.

끝까지 개종을 거부하며 신앙을 지키고자 했던 이들은 이슬람군의 탄압을 피해 이집트 남부 지방으로 근거지를 옮겼다. 오늘날 이집트 남부 지역에 유독 콥트 기독교인들이 많이 모여 사는 배경에는 이러한 고단한 역사가 숨어 있다.

파티마 왕조와 새로운 수도 '카이로'의 탄생

사우디아라비아, 시리아, 이라크 등지에서 세력을 키운 이슬람 왕조들은 이집트에 총독을 보내 대리 통치를 이어갔다. 그중에서도 시아파 이슬람 왕조인 '파티마 왕조'의 등장은 이집트 역사에 중요한 획을 그었다. 이 시기에 이집트의 수도가 지중해 연안의 알렉산드리아에서 나일강변의 '카이로'로 옮겨졌기 때문이다. 천년 고도 카이로의 역사가 본격적으로 시작된 순간이다.

● 카이로에 있는 무함마드 알리 모스크로 이집트의 대표적 이슬람 건축물로 꼽힌다.

살라딘과 십자군 전쟁, 그리고 맘루크의 등장

이후 튀르크계 셀주크 왕조가 파견한 이슬람 지도자 '살라딘'이 역사의 전면에 등장한다. 그는 유럽에서 건너온 기독교 십자군을 물리치며 이슬람 세계의 영웅으로 떠올랐고 이집트에 수니파 계열의 '아이유브 왕조'를 세웠다.

하지만 권력의 향방은 예상치 못한 곳으로 흘러갔다. 이슬람교를 받아들인 튀르키계 노예 군인 집단이었던 맘루크족이 반란을 일으켜 아이유브 왕조를 무너뜨리고 직접 나라를 다스리기 시작한 것이다. 노예 출신 전사들이 왕이 된 이 독특한 '맘루크 왕조'는 이집트를 강력한 군사 강국으로 만들었다.

맘루크 왕조는 막강한 군사력을 앞세워 이집트는 물론 시리아까지 지배했지만 영원하지는 못했다. 튀르키예 아나톨리아 반도에서 발흥한 신흥 강자 '오스만 제국'에 결국 무릎을 꿇은 것이다. 이로써 이집트는 광대한 오스만 제국의 영토로 편입돼 오랜 기간 오스만 지배 아래 놓였다. 동시에 이슬람 세계의 중심지인 아라비아 반도의 메카·메디나와도 긴밀히 연결됐다.

이 장구한 세월을 거치며 이집트는 명실상부한 이슬람 종교와 학문의 중심지로 거듭났으며 오늘날 우리가 보는 역동적인 이슬람 사회로 정착하게 된다.

이집트 근대사 초반은 한국의 역사와 매우 흡사하다. 주변 강대국들의 끊임없는 침입과 지배를 견뎌내며 격변의 시기를 지냈기 때문이다. 이집트는 19세기 들어 프랑스를 시작으로 한 강대국들의 점령에 의해 급격한 변화를 맞이하게 된다.

나폴레옹의 침공과 '이집트학'의 태동

이집트 근대화의 신호탄을 쏘아 올린 것은 역설적이게도 프랑스의 침공이었다. 1798년, 나폴레옹은 3만 8,000명의 대군을 이끌고 이집트에 남아 있던 맘루크 군벌을 격파하며 카이로

를 점령했다. 당시 나폴레옹의 목적은 명확했다. 홍해와 지중해를 잇는 지정학적 요충지인 이집트를 장악함으로써 경쟁국인 영국의 패권주의 정복 활동을 방해하려는 것이었다.

비록 나폴레옹은 복잡한 본국 사정으로 1년 만에 철수하고 남겨진 프랑스군도 1801년 영국군에 패해 떠나야 했지만 이 사건은 이집트에 뜻밖의 선물을 남겼다. 나폴레옹과 함께 이집트를 찾았던 프랑스 학자들의 열정적인 연구 덕분에 '이집트학 Egyptology'이라는 새로운 학문이 탄생한 것이다.

특히 이 시기에 발견된 '로제타석'은 이집트학 등장에 결정적인 역할을 했다. 비석에 새겨진 이집트 상형문자와 그리스어를 비교 분석하면서 수천 년간 베일에 싸여 있던 고대 문명의 수수께끼가 풀리기 시작한 것이다. 이를 계기로 유럽 전역에서는 이집트 고고학 열풍이 불었다.

이집트에서 싹튼 '아랍 민족주의' 물결

프랑스의 정복 시기는 이집트에 사상적인 변화도 몰고 왔다. 프랑스 혁명을 계기로 유럽에 퍼진 '민족주의' 개념이 이집트에도 전파된 것이다. 과거 '파라오' 시대에는 존재하지 않았던 '민족'이나 '국가'라는 현대적 개념이 서구적 정치·사회 체제와 함께 처음으로 뿌리를 내렸다.

당시 프랑스는 자국 학자들을 대거 동원해 고대 문명의 수수께끼를 풀어주는 등 학문적 지원을 아끼지 않았는데, 이러한 과정에서 이집트인들은 자신들의 유구한 역사에 대한 자부심과 함께 '하나의 국가'라는 인식을 갖게 되었다.

근대화의 아버지 '알리'의 개혁성과 잔혹함

프랑스군이 떠난 뒤 튀르키예 후손이 다시 이집트를 통치하

● 무함마드 알리 조각상

던 시기에 '무함마드 알리 *Muhammad Ali*'라는 걸출한 인물이 등장한다. 오스만 제국이 프랑스에 대항하려 보낸 알리 장군은 권력의 공백을 틈타 실질적인 군주가 되었고 1805년부터 이집트 '근대화의 아버지'로서 개혁을 주도했다.

그는 권좌를 굳히기 위해 매우 잔혹한 계획을 실행하기도 했다.

1811년, 600년 넘게 이집트를 지배해온 맘루크 잔존 세력을 일거에 제거하기 위해 그들을 카이로의 '시타델(성)' 연회에 초청한 뒤 몰살시킨 것이다. 방해 세력을 제거한 알리는 이후 서구식 군대를 창설하고 유럽에 유학생을 파견하며 근대 건축물과 군사학교를 짓는 등 이집트 왕정 체제에 거대한 변화를 주었다. 또한 국경 아래로는 수단을 정벌하고 위로는 팔레스타인까지 세력을 확장하며 강력한 통치권을 구축했다.

하지만 알리와 그 자손들의 지배권은 오래가지 못했다. 알리의 장손 이스마일이 수에즈 운하 건설과 철도 등 대규모 국토 개발을 무리하게 추진하면서 외채가 급격히 늘어났기 때문이다.

이 기회를 놓치지 않고 영국이 노골적으로 개입하기 시작했다. 외채 상환을 요구하는 동시에 이집트 내 민족주의 세력의 폭동 진압을 빌미 삼아 1882년 알렉산드리아와 카이로를 점령한 것이다. 수에즈 운하라는 해상 요충지에 눈독을 들인 영국은 총영사를 보내 실질적으로 국정을 다스렸고 1914년에는 이집트를 영국의 보호령으로 선포했다.

이후 이집트는 자국의 대표적 민족주의 정당인 와프드당 Wafd Party을 중심으로 독립운동의 기반을 닦아 1922년 독립을 선언하고 1936년 국제연맹에 가입했지만 영국의 실질적인 지배는 계속되었다. 2차 세계대전 중에는 수에즈 운하를 장악한 영국군의 지원병 노릇을 해야 했다. 이집트는 2차 세계대전이 끝난 뒤인 1948년에서야 비로소 영국의 영향력에서는 벗어났다. 하지만 또 다른 전쟁이 기다리고 있었다. 이스라엘이 팔레스타인 땅에 독립 국가를 건설하자 주변 아랍 국가들과 함께 팔레스타인 편에 서서 이스라엘을 친 것이다(제1차 중동전쟁). 전투기까지 동원해 이스라엘을 직접 타격했지만 결국 이 전쟁은 정밀하지 않은 아랍 연합군의 공격과 이스라엘군의 반격에 밀려 패배하고 말았다. 그러자 내분이 일어나고 왕정에 대한 비판 여론이 들끓었다. 이를 틈타 1952년 나세르 중령이 이끈 '자유장교단'이 혁명을 일으키며 비로소 '이집트 아랍공화국'의 현대사가 시작되었다.

한국 독립 천명한 카이로 선언

역사 교과서에 빠짐없이 나오는 '카이로 선언*Cairo Declaration*'은 제2차 세계대전이 끝나기 전인 1943년 11월 22일부터 26일까지 미국 프랭클린 루즈벨트 대통령과 영국 윈스턴 처칠 총리, 중국 장제스 총통이 참석해 회담을 열고 합의해 발표한 선언이다. 이 선언에는 일본 패망을 앞두고 식민지 상태에 있던 한국의 독립을 국제사회에 처음으로 천명한다는 문구가 담겨 있다. 전체 11개 문장으로 구성된 선언문에서 한국 독립에 관한 내용은 뒤쪽 3줄짜리 10번째 문장이다.

"세 강대국은 한국 인민의 노예 상태에 유의해 적절한 과정을 거쳐 한국이 자유롭고 독립될 것임을 결의한다."

선언문에는 일본의 무조건 항복을 받을 때까지 연합국은 장기적 군사 압력을 가하고 만주와 대만, 펑허군도 등 일본이 탈취한 영토는 중국에 반환한다는 내용도 포함돼 있다.

미국과 영국, 중국 실무진의 회담 장소로 쓰인 카이로의 메나하우스 호텔 정원에는 한국대사관이 세운 기념비가 있다. 기념비가 설치됐던 2013년 카이로 특파원으로 근무 중이었던 나는 당시 주이집트 김영소 한국 대사가 "한국 대표가 참여하지 않은 회담과 선언이었지만 한국 역사에 큰 획을 그은 역사적 사건"이라며 기념비의 의미를 강조한 발언을 들을 수 있었다.

역사적으로 유명한 카이로 선언이지만 이집트가 카이로 선언에 어떠한 역할을 했다는 기록은 없다. 이집트인들은 자신들은 장소만 제공했을 뿐인데 한국인들이 이토록 역사적 도시로서 카이로를 기억한다는 사실에 놀라워하며 양국 관계를 회고할 때 이 선언을 자주 언급하곤 한다.

● 카이로 선언 기념비 앞에서 촬영 (왼쪽부터 조동주 동아일보 특파원, 저자 한상용, 정태익 전 이집트 대사, 노석조 조선일보 특파원

이집트 현대사는 우리 한국의 현대사와도 놀라울 만큼 닮아 있다. 영국으로부터 독립한 뒤 공화국으로 출발했으나 이내 군부 정권이 들어섰고 강대국의 개입 속에 권력자의 장기 집권과 통제가 이어진 역사의 굴곡이 너무나 비슷하다. 특히 나세르부터 무바라크에 이르기까지 군부가 정치, 경제, 사회를 장악했던 모습은 우리에게도 낯설지 않은 풍경이다.

'아랍 민족주의의 영웅' 나세르와 자유장교단 혁명

민족주의자였던 나세르는 '이집트의 주인은 이집트인'이라

선포하며 영국의 지배하에 있
던 수에즈 운하를 전격 국유화
했다. 이에 반발한 영국과 프랑
스, 그리고 이스라엘이 1956년
이집트를 공격하면서 제2차 중
동전쟁이 발발했다.

이 전쟁에서 이집트는 군사
적 타격은 입었지만 미국과 소
련의 중재로 휴전을 맺으며 운

● 나세르 전 이집트 대통령

하의 소유권을 지켜냈다. 이 사건으로 나세르는 아랍의 자존심
을 세운 영웅으로 떠올랐고 한때 시리아와 '아랍연방공화국'을
결성할 만큼 강력한 영향력을 행사했다. 비록 3년 뒤 시리아가
탈퇴해 분리됐지만 제2차 중동전쟁은 열강을 상대로 한 아랍권
주도의 대격변으로 받아들여졌다.

제3차 중동전쟁: 6일 만에 바뀐 지형도

나세르 집권기인 1967년, 이집트 현대사의 중대한 변곡점이
된 제3차 중동전쟁이 일어났다. 이집트가 시리아, 요르단과 군
사동맹을 맺고 시나이반도 동남쪽의 작은 섬인 티란 주변 해
역을 봉쇄하며 이스라엘의 해상 무역로를 차단하자 이스라엘

이 이집트를 선제 공격한 것이다. 티란 주변 해역 봉쇄는 이스라엘로서는 중요 무역로가 사라지는 것인 만큼 즉각 대응책을 강구한 셈이다.

당시 미국과 영국의 지원 아래 이스라엘의 작전은 신속했던 반면 이집트와 아랍 연합군은 이해관계를 따지며 우왕좌왕하다가 6일 만에 참패했다. 이 '6일 전쟁'의 결과로 이집트는 시나이반도와 가자지구를, 요르단은 요르단강 서안을, 시리아는 골란고원을 이스라엘에 빼앗기고 말았다.

그로부터 3년 뒤인 1970년 나세르가 지병으로 52세의 나이에 사망하고 이집트 육군 장교 출신인 안와르 사다트가 취임했다. 그는 친서방 노선을 걷는 듯 보였지만 이스라엘에 빼앗긴 시나이반도 수복을 은밀하게 준비하며 기회를 노렸다. 시리아 역시 골란고원을 되찾고 싶어 했다. 1973년 10월 두 나라는 의기투합해 이스라엘을 기습 공격했다. 제4차 중동전쟁이 일어난 것이다.

이스라엘은 초반에는 고전했지만 이내 전열을 가다듬고 미국의 지원 아래 반격에 나서 방어에 성공했다. 이를 두고 이스라엘과 이집트 양측 모두 이 전쟁에서 승리했다고 주장하고 있다.

이후 사다트는 실리적인 선택을 했다. 자국 군대를 주둔시키지 않는 조건으로 시나이반도를 돌려받기로 하고 이스라엘을 국가로 인정하기로 협상한 것이다. 반면 이스라엘과 협상에 나서지 않은 시리아는 끝내 골란고원을 되찾지 못했다.

1978년 미국 중재로 이집트와 이스라엘은 캠프 데이비드 협정까지 체결해 양국 관계를 정상화했다. 이 협정을 통해 사다트는 이스라엘 메나헴 베긴 총리와 함께 노벨평화상을 공동 수상하기도 했지만 이슬람 극단주의들의 반감을 샀다. 결국 사다트는 1981년 10월 카이로에서 진행된 군사 퍼레이드 도중 이슬람 극단주의자들의 총격으로 살해되었고 공군 사령관 출신의 호스니 무바라크가 권력을 이어받았다.

무바라크는 30년 동안 이집트를 철권 통치했다. 이집트는 이 기간 동안 대외적으로는 중동의 중재자 역할을 하며 안정기를 보냈으나 내부적으로는 부패 문제와 청년 실업이 심각해졌다. 그러던 2010년, 28세 청년 칼리드 사이드가 경찰의 구타로 사망하는 사건이 발생하며 억눌려 있던 민심이 폭발했다. 2011년 1월에는 '아랍의 봄'이라 불리는 시민혁명이 이집트를 덮쳤다. 전국적으로 번진 반정부 시위에 국정까지 마비되자 무바라크는 결국 항복을 선언하며 하야했다. 이후 자유 선거를 통해 이슬람주의 세력인 무슬림형제단의 무함마드 무르시가 대통령이 되었다. 그러나 무르시 대통령 역시 실정과 급격한 친이슬람 행보를 보였다는 비판 속에 1년 만에 군부 쿠데타로 축출되고 말았다.

현재 이집트는 무르시를 축출한 군부 실세 압델 파타 알시시 대통령이 이끌고 있다. 그는 2014년 집권 후 헌법 개정을 통해 2030년까지 장기 집권의 발판을 마련했다. 침체된 경제 회복과 민주주의의 위기 극복이라는 무거운 숙제를 안은 채 이집트 현대사는 지금도 계속되고 있다.

● 압델 파타 알시시 이집트 대통령

이집트에 몰아친 '아랍의 봄'

2010년 막바지에 불기 시작해 2011년 절정에 달한 '아랍의 봄'은 중동과 북아프리카 국가들의 반독재, 반정부 운동을 일컫는 표현이다. '아랍의 봄'을 대표하는 나라 중 하나가 이집트이다. 2010년 말 북아프리카 서쪽에 있는 튀니지가 이른바 '재스민 혁명'으로 아랍의 봄을 촉발했지만 이집트는 그 바람을 중동 전역에 '태풍'으로 바꾸어 놓았다.

그 바람을 탄 이집트 국민은 '현대판 파라오'로 불린 호스니 무바라크 전 대통령의 30년 독재를 종식시켰다. 이집트 국민이 대규모 반정부 시위를 통해 정권 교체를 이루기는 역사상 처음이었다. 이 영향으로 시리아, 리비아, 예멘, 요르단 등지에서 민주주의를 열망하는 반정부 시위가 들불처럼 번졌다.

무바라크 퇴진 후 이집트 정치는 큰 변화를 맞았다. 이집트 군부가 과도정부 역할을 하던 중 2012년 이집트 역사상 처음으로 자유민주주의 선거를 치렀고 국내 최대 이슬람단체 무슬림형제단 소속 무함마드 무르시가 대통

● 시위하는 이집트인

● 카이로 도심 '타흐리르 광장'에 배치된 장갑차

령에 당선됐다. 그 전에도 대통령 선거가 치러졌지만 정부의 개입, 헌법 개정 등을 통해 완전히 자유롭게 진행되지는 못했다.

그러나 이슬람 정치색을 보인 무르시 정권은 잇단 실정에다 국민 통합에 실패했다는 비판 속에 또다시 대규모 반정부 시위에 직면했고 2013년 세속주의 성향의 군부는 쿠데타를 일으켜 무르시 정권을 축출하고 다시 권력을 장악했다. 당시 군부 실세였던 압델 파타 알시시는 2014년 대선을 거쳐 군사 정권을 부활시켰다. 군부 중심의 권위주의 정권 재등장으로 치안은 다소 안정을 찾았지만 정치적 혼란과 이슬람주의 세력의 반발로 사회·정치적 혼란이 이어졌다. 잇단 테러 사건의 발생으로 이집트 관광업에도 큰 타격을 입었다.

아랍의 봄은 장기 집권 대통령을 시민들의 힘으로 몰아내며 민주주의에 대한 희망을 품게 했지만 그 결실을 지키는 것이 얼마나 어려운 일인지 깨닫게 해준 일대 사건이었다.

이집트 현대사 역대 대통령과 임기

1950 1960 1970 1980 1990 2000 2010 2020

① 무함마드 나기브

초대 대통령

1953년 6월 18일 ~
1954년 11월 14일

'자유장교단'이 쿠데타로
왕정 무너뜨렸지만
권력투쟁에 밀려 사임

② 가말 압델 나세르

2대 대통령

1956년 6월 23일 ~
1970년 9월 28일

나기브 축출 후 실권 장악
심장발작으로 사망

③ 안와르 사다트

3대 대통령

1970년 10월 15일 ~
1981년 10월 6일

이슬람 극단주의자에게
피살

④ 호스니 무바라크

4대 대통령

1981년 10월 14일 ~
2011년 2월 11일

2011년 '아랍의 봄'
민주화 혁명으로
대통령직에서 퇴진

⑤ 무함마드 무르시

5대 대통령

2012년 6월 30일 ~
2013년 7월 3일

최초 민주적 선거로 선출
군부 쿠데타로 축출

⑥ 압델 파타 엘시시

6대 대통령

2014년 6월 8일 ~ 현재

무르시 축출 주도한
국방장관 출신

ⓒ박영석 연합뉴스

중동 전쟁 총정리

제1차 중동 전쟁 (1948~1949년)

주요 명칭: 이스라엘 독립 전쟁, 팔레스타인에서는 '나크바 *Al-Nakba*(대재앙)'라고 부름.

배경: 1947년 유엔 *UN*의 팔레스타인 분할안 가결 이후 1948년 5월 14일 이스라엘의 독립 선포에 반대한 이집트, 시리아, 요르단, 이라크 등 주변 아랍 5개국이 즉시 이스라엘 침공.

결과 및 영향
- 모두의 예상을 깨고 이스라엘이 군사적으로 승리.
- 이스라엘은 UN 분할안보다 더 넓은 영토를 차지.
- 이 전쟁으로 약 70만 명의 팔레스타인인이 삶의 터전을 잃고 주변국으로 쫓겨나는 '팔레스타인 난민 문제'가 발생했으며 이는 현재까지 이어지는 갈등의 핵심 원인.

제2차 중동 전쟁 (1956년)

주요 명칭: 수에즈 위기 *Suez Crisis*

배경: 이집트의 가말 압델 나세르 대통령이 아스완 하이댐 건설 자금 마련을 위해 영국과 프랑스가 소유하고 있던 수에즈 운하를 국유화한다고 선언. 이에 운하의 소유권을 잃게 된 영국과 프랑스가 이스라엘과 비밀리에 공모하여 이집트 침공.

결과 및 영향
- 군사적으로는 영국, 프랑스, 이스라엘 연합군의 압도적 승리.
- 하지만 미국과 소련의 강력한 철군 압박으로 외교적으로는 완벽한 실패.
- 결과적으로 이집트의 나세르는 정치적 위상이 급상승하며 아랍 민족주의의 영웅으로 떠오름. 영국과 프랑스는 초강대국의 지위 상실 확인.

제3차 중동 전쟁 (1967년)

주요 명칭: 6일 전쟁 *Six-Day War*

배경: 이집트가 이스라엘 선박의 통행로인 티란 해협을 봉쇄하고 시나이 반도에 군대를 집결시키는 등 군사적 긴장 최고조. 이스라엘은 이를 생존 위협으로 판단하고 기습 선제 공격을 감행.

결과 및 영향
- 단 6일 만에 이스라엘의 압도적인 승리로 끝남.
- 이스라엘은 이집트로부터 시나이 반도와 가자 지구, 요르단으로부터 서안 지역과 동예루살렘, 시리아로부터 골란고원을 점령.
- 이때 점령한 영토 문제가 현재까지 이어지는 '점령지 문제'의 시초가 됨.
  UN 안보리는 이스라엘의 점령지 철수 요구 '결의안 242호' 채택.

제4차 중동 전쟁 (1973년)

주요 명칭: 욤 키푸르 전쟁 *Yom Kippur War* 또는 10월 전쟁

배경: 6일 전쟁의 패배를 설욕하고 잃어버린 영토를 되찾기 위해 이집트(안와르 사다트 대통령)와 시리아가 치밀한 계획을 세우고 유대교의 가장 성스러운 날인 '욤 키푸르(속죄의 날)'에 이스라엘 기습 공격.

결과 및 영향
- 전쟁 초기 아랍 연합군이 승기를 잡았으나 이스라엘이 미국의 지원을 받아 반격에 성공하여 최종적으로는 이스라엘 승리.
- 하지만 이스라엘은 '불패 신화'에 큰 타격을 입었고 아랍은 잃었던 군사적 자존심을 회복하며 정치적으로는 승리했다는 평가.
- 이 전쟁은 역설적으로 중동 평화 협상의 길을 열게 됨. 전쟁의 한계를 느낀 이집트와 이스라엘은 대화를 시작하여 캠프 데이비드 협정(1978년)을 맺게 됨.
- 전쟁 중 아랍 석유 수출국들이 제1차 석유 파동(오일 쇼크)을 일으켜 전 세계 경제에 큰 충격을 줌.

ⓒ박영석 연합뉴스

이집트 미래는 어떤 모습일까?

　이집트가 엄청난 잠재력을 예감케 하는 나라라는 점은 분명하다. 1억 명이 넘는 엄청난 인구는 그 자체로 매력적인 시장이며 땅 속에는 천연가스와 같은 자원도 풍부하다. 여기에 인류의 보물인 피라미드와 스핑크스, 화려한 신전이라는 독보적인 문화유산까지 갖췄으니 국가 경쟁력의 기초 체력은 이미 충분하다고 볼 수 있다.

천혜의 조건과 무한한 잠재력

　이집트의 미래가 밝은 이유는 또 있다. 세계 물류의 동맥인 수에즈 운하를 통해 벌어들이는 통행료 수익은 이집트 경제의 든든한 버팀목이다. 또한 사계절 내내 따뜻한 기후와 맑고 푸른 홍해, 지중해를 끼고 있는 자연환경은 전 세계 관광객들을 불러 모으기에 부족함이 없다. 관광 국가로서 이집트보다 더 나은 조건을 갖춘 나라를 찾기란 결코 쉬운 일이 아니다.

비록 현재는 개발도상국이지만 이집트인들의 마음속에는 '파라오의 후예'라는 강한 민족적 자부심이 흐르고 있다. 인적 자원 또한 훌륭하다. 미국과 유럽 등지로 유학을 떠나거나 해외에서 활동하는 유능한 인재들이 많다. 이집트 고위 관료 중에서는 우리나라와의 경제 협력을 강화해 국가를 더욱 발전시키려는 의지도 확고하게 보이고 있다. 지정학적 이점과 발전 의지, 그리고 거대 인구의 잠재력이 제대로 맞물린다면 이집트의 미래는 그 어느 때보다 찬란할 것이다.

청사진을 완성하기 위한 숙제

물론 이 장밋빛 청사진이 현실이 되려면 넘어야 할 산이 있다. 관건은 이집트 정부와 엘리트 계층이 고질적인 사회 문제들을 해결할 수 있느냐에 달려 있다. 극심한 빈부 격차와 부의 세습, 집권층의 부패, 그리고 사회 곳곳에 스며 있는 보이지 않는 종교적 차별은 이집트의 발목을 잡는 요소들이다.

● 이집트 새 행정수도

　이집트는 인구 구조가 연령대에 따라 아래로 갈수록 넓어지는 전형적인 '피라미드식' 형태이며 사회 전반을 엘리트 세력이 이끄는 구조이다. 따라서 이들이 주도하는 위로부터의 개혁, 즉 '톱다운*Top-down*' 방식이 효과적인 해법이 될 수 있다. 군부와 정치·경제 엘리트들이 일반 대중 교육을 대폭 강화하여 '계층 사다리'를 부활시키고 강력한 국방력을 유지해 나간다면 과거 파라오 시대의 위상을 되찾는 것은 결코 꿈만 같은 이야기는 아닐 것이다.

이집트의 보편적 발전을 위해서는 교육 편차와 빈부 격차를 줄이기 위해 엘리트 계층이 솔선수범하는 자세도 절실하다. 기득권층이 교육에 더 많은 투자와 지원을 아끼지 않을 때 비로소 공동체를 중시하는 성숙한 시민 의식이 이집트 땅에 뿌리내릴 수 있다. 이러한 내부적인 혁신이 성공적으로 이루어진다면 이집트의 미래 청사진은 우리 모두의 기대를 뛰어넘는 위대한 모습으로 완성될 것이다.

함께 생각하고 토론하기

이집트의 근현대사는 유럽 열강이었던 영국과 프랑스의 끊임없는 침공과 정복의 역사였습니다. 그 시련 속에서 이집트는 한때 혹독한 식민 지배를 견뎌야 했습니다. 역사를 돌이켜보면 국력이 강해진 나라는 영토 확장과 자원 확보, 영향력 확대를 위해 다른 나라를 침략하는 것을 당연하게 여기곤 했습니다. 반면 힘이 없는 나라들은 소중한 자원을 빼앗기고 국민이 고통받는 비극을 겪었습니다.

● 우리나라도 힘이 없던 시절, 제2차 세계대전의 거친 풍랑 속에서 일본의 식민 지배를 받는 아픔을 겪었습니다. 여러분은 지금의 국제사회도 여전히 '약육강식의 시대'라고 생각하나요? 아니면 과거와 달리 서로의 주권을 인정하고 포용하는 방향으로 나아가고 있다고 보나요? 그렇게 생각하는 구체적인 사례(UN의 역할, 국제 조약, 혹은 최근의 전쟁 등)를 들어 이야기해 봅시다.

●● 과거처럼 직접적인 영토 점령은 아니더라도 오늘날 역시 강대국이 약소국에 강력한 영향력을 행사하는 '정글' 같은 국제 질서가 존재한다는 평가가 많습니다. 특히 미국과 중국, 이른바 'G2' 국가들의 갈등은 전 세계에 지대한 영향을 미칩니다. 오늘날 세계를 이끄는 강대국들의 바람직한 역할은 무엇이어야 할까요? 또한 이들 사이에서 이집트나 우리나라 같은 나라들은 국가의 자존심을 지키고 발전하기 위해 어떤 전략과 준비를 해야 할지 자유롭게 의견을 나누어 봅시다.

4부
문화로 보는
이집트

"인내는 어려움을 풀어줄 열쇠다."

인내심을 갖고 노력하면 어려움이나 고난에 처했더라도
나중에 문제가 해결된다는 마음가짐의 중요성을 가르치는 내용을 담고 있다.
이집트 사회에서 지금도 널리 이용되는 격언이다.

이집트 문화를 한마디로 정의하기는 참 어렵다. 하지만 6년 반 동안 그들과 부대끼며 살아온 내 경험을 바탕으로 정의를 내려 본다면 이집트 사람들은 '정이 많으면서도 오지랖이 넓고 동시에 꽤 개방적'이다.

"내가 도와줄게!" 길거리에서 만난 뜨거운 오지랖

이집트에서는 외국인인 내가 혼자 차를 몰다 대낮에 타이어 펑크라도 나면 어느새 대여섯 명이 몰려들어 팔을 걷어붙인다. 정작 도와주는 사람은 몇 명 안 되더라도 구경꾼만 수십 명이 모여들 정도로 이들은 남의 일에 관심이 많다.

한 번은 해가 지기 전, 주차를 해둔 거리에서 도둑을 만난 적이 있는데 인근을 지나던 시민이 망설임 없이 달려와 도둑을 잡아주었다. 그는 도둑을 우리나라의 파출소 격인 곳으로 넘겼다며 "저런 나쁜 사람이 죗값을 치르도록 경찰서에 가서 피해 조사를 잘 받으라"고 내게 신신당부했다.

이처럼 이집트인은 '남의 일에 관여하고 싶은' 성미를 지닌 동시에 주변 사람을 챙기고자 하는 '정情' 문화가 있다. 거리에서는 모르는 사람의 일에도 참견하는 일이 흔하고 남녀를 불문하고 대화의 에너지가 넘치고 활기차다.

한국을 향한 미소와 개방성의 역사

한국에 대한 인상은 우호적이다. 이집트인에게 아랍어로 "저는 한국인입니다(아나 쿠리)"라고 말을 건네면 환하게 웃으며 다가와 인사를 한다. 삼성, 현대차, LG와 같은 우리 대기업들이 적극적으로 진출한 덕분이기도 하지만 최근 현지에서 선풍적인 인기를 끄는 한국 음악과 드라마의 영향력도 무시할 수 없다.

이러한 개방성은 이집트의 긴 역사에서 비롯되었다. 이집트는 고대부터 외부 문화와 다른 종교를 끊임없이 접하며 살아왔기에 이방인에게 꽤 관대한 사회적 분위기를 지니고 있다. 헌법으로 신앙의 자유가 보장되어 있으며 이슬람을 믿지 않더라도 타 종교를 인정해 주는 분위기다.

지금의 보수적인 분위기와는 사뭇 다르지만 한때 이집트 여성들은 미니스커트를 입고 거리를 활보하고 유럽인은 물론 유대인들과도 한데 어울려 살던 자유로운 시절이 있었다. 이러한 풍경은 이슬람 문화가 사회 깊숙이 뿌리를 내리고 나세르 민족주의 운동이 휩쓸고 지나가면서 점차 보기 어려워졌다.

가부장적인 질서와 유목민의 자존심

물론 이집트가 이슬람권 국가 중 상대적으로 개방적이라고는 해도 이슬람 율법에 기반한 가부장적 문화는 여전히 공고하다. 많은 이가 궁금해하는 '일부다처제'는 이슬람 법적으로는 허용되지만 실제 내 주변에서는 한 번도 본 적이 없다. 현대 이집트에서는 '일부일처제'가 보편적인 사회 풍조로 자리를 잡았다.

다만 사회생활에서 남녀의 차이는 분명하다. 여성이 직장을 구하는 것은 남성보다 훨씬 어렵고, 특히 무슬림 여성에게는 공개적인 활동에 제약이 따른다. 남편과 사별한 여성이 아이들을 데리고 대가족 공동체에 섞여 사는 경우도 흔한데, 이는 생계의 어려움 때문이지 일부다처제의 모습은 아니다.

● 이집트 유목민

가정 내에서는 부모, 특히 아버지의 권위가 절대적이다. 손님이 와도 아내나 딸이 거실에 나와 직접 인사하지 않는 경우가 많다. 아버지만 거실에서 손님을 맞이하거나 아예 집 밖 카페에서 만나는 식이다.

한편 도시를 벗어난 사막 지대에는 '베두인'이라 불리는 부족 공동체가 있다. 이들은 종교보다 혈연적 연대 의식을 더 중요하게 여긴다. 부족의 명예와 규범, 신의를 목숨처럼 여기기에 베두인들은 유일신 '알라'를 강조하는 이슬람 주류 사회와 종교적으로 부딪히기도 한다. 이들 사막 부족이나 소수 콥트 기독교인들은 무슬림 공동체와 비교해 보이지 않는 차별을 받고 있다는 의식을 가슴 한편에 지닌 채 살아가고 있다.

이집트의 인사법에는 수천 년을 이어온 전통 문화와 이슬람 예절이 촘촘히 결합해 있다. 인사하는 방식만 보더라도 서로 얼마나 가까운지, 성별이 무엇인지에 따라 확연히 달라진다.

남녀 간에 서로 다른 인사 온도차

일반적으로 남성끼리의 인사는 가볍게 오른손으로 악수를 나누는 것이다. 하지만 매우 가까운 사이라면 포옹과 함께 양 볼을 서로 맞대면서 그동안 어떻게 지냈는지 상대 가족의 안부를 물으며 30초가량 정답게 대화를 나눈다.

친한 남성들은 인사 도중 서로의 눈을 응시하며 풍부한 손짓과 몸짓을 섞는다. 상대의 어깨를 두드리기도 하고 팔을 잡기도 하고 쾌활하게 웃기도 한다. 여성끼리의 인사 역시 뜨겁다. 서로를 껴안고 양볼에 가벼운 입맞춤을 나누는 광경을 흔히 볼 수 있다.

반면 처음 만나는 남녀 간의 인사는 매우 조심스럽다. 가벼운 악수나 인사말을 건네는 정도이며 여성이 원치 않는 눈치를 보인다면 먼저 손을 내밀지 않는 것이 예의다. 동성끼리는 거침없는 신체 접촉이 허용되지만 공공장소에서 이성 간의 신체 접촉은 여전히 금기시되는 분위기가 남아 있다.

나와 같은 외국인이 업무로 현지인을 만날 때면 으레 악수를 나누며 눈을 맞춘다. 이때 ‘당신에게 평화를’을 의미하는 “앗살라무 알레이쿰*As-salamu alaykum*”을 건네면 금세 분위기가 부드러워진다. 아마 상대도 항상 ‘당신에게도 평화를’을 뜻하는 “알레이쿰 살람*Alaykumu s-salam*”이라 화답할 것이다.

특히 정중함을 표하거나 진심으로 반가울 때, 혹은 감사를 전할 때는 허리를 숙이는 대신 한 손을 가슴(심장 부위)에 갖대 대며 고개를 살짝 까닥이기도 한다. 이는 마음을 다해 상대를 존중한다는 아름다운 표현이다.

참고로 이집트를 비롯한 아랍권에서는 우리처럼 허리를 90도로 굽혀 인사하지 않는다. 이는 오직 유일신 알라 이외에는 그 어떤 존재에게도 머리를 숙이지 않는다는 무슬림 특유의 종교적 자존심과 관련 있다.

‘인샬라’에 담긴 인생의 지혜

이집트에서 처음 만났을 때 건네는 인사말만큼이나 많이 듣는 말이 “인샬라*Inshallah*(신의 뜻대로)”이다. 안부를 묻거나 약속을 잡을 때 이들은 어김없이 이 말을 덧붙인다. 이 말에는 세상 모든 일과 이치는 알라의 뜻에 따라 돌아간다는 믿음이 담겨 있다.

사실 시간 약속을 중시하는 한국인이나 서구 문화권에서 '인샬라'는 때로 약속을 미루거나 취소할 때 쓰는 '핑계'로 오해받기도 한다. 하지만 이집트 생활에 적응하다 보면 이 표현이 다르게 다가온다. 한 치 앞도 알 수 없는 세상사에서 사소한 일에 일희일비하지 않고 인생의 큰 흐름에 몸을 맡기는 '초탈한 태도'로 해석될 수 있다. 시간에 쫓기며 바쁘게 사는 삶 속에서 가끔은 "인샬라"라고 읊조리며 마음의 여유를 가져보는 것도 이집트식 삶의 지혜가 아닐까 싶다.

알아두면 유용한
이집트 아랍어, 암메아

이집트에서는 표준 아랍어가 아닌 현지 방언인 '암메아'가 주로 쓰인다. 표준어가 이슬람 성전 '꾸란'에 기반한 문어체라면 암메아는 시장과 거리에서 쓰이는 생생한 구어체다. 아랍어는 우리와 반대로 오른쪽에서 왼쪽으로 써 내려가기 때문에 마침표나 물음표가 문장의 왼쪽 끝에 붙는다.

한국어	암메아	발음
안녕하세요. (당신에게 평화가 있기를)	السلام عليكم	앗살라무 알레이쿰
잘 지내?(친근한 사이)	ازيك؟	이자약
잘 지내고 있어	تمام	타맘
감사합니다	شكرًا	슈크란
천만에요. 실례합니다	عفوًا	아프펀
죄송합니다	آسف	에세프
괜찮아요 (문제 없습니다)	مفيش مشكلة	마피쉬 무시킬라
(가격이) 얼마예요?	بكام؟	비캠?
이것은 무엇입니까?	ده إيه؟	다 에이?
예 / 아니오	لا / أيوه	아이와 / 라
다음에 또 볼게요	مع السلامة	마아 살라마

이집트 사람들이 즐겨 먹는 요리

　이집트의 식탁에서는 한국인이 즐겨 먹는 뜨거운 국물 요리를 찾아보기 힘들다. 사막 지대의 특성상 물이 귀한 데다 덥고 건조한 날씨 탓에 음식이 쉽게 상할 수 있기 때문이다. 이집트인들은 물 대신 기름을 택했다. 기름에 튀기거나 볶는 조리법이 발달했다.

귀한 손님을 위한 보양식, 비둘기 요리

　가장 이색적인 이집트 전통 요리를 꼽으라면 단연 '비둘기 요리'이다. 구운 비둘기 속에 향신료로 양념한 쌀과 간, 으깬 밀,

양파 등을 채워 넣은 이 음식은 축제나 특별한 손님을 맞이할 때 나오는 고급 메뉴다.

실제로 카이로의 전문점에서 맛본 비둘기 고기는 크기는 작지만 무척 쫄깃하고 고소했다. 이집트에서는 식용 비둘기를 따로 사육하며 구

● 이집트 비둘기 요리

이 외에도 삼계탕처럼 물에 끓여 익히는 조리법도 있다. 비둘기 요리에는 으레 피클과 양파 절임이 반찬으로 곁들여져 느끼함을 잡아준다.

고기 사랑과 독특한 식습관

이집트인들은 고기를 무척 좋아하는데 그중에서도 닭고기가 가장 인기가 많고 양고기와 소고기도 즐겨 먹는다. 사실 이집트는 음식에 있어 다른 이슬람권 나라들보다 그리 엄격하지는 않다. 앞서 말했듯 이집트에서는 콥트 기독교인이나 외국인이 운영하는 매장에서 술과 돼지고기를 구할 수도 있다. 다만 현지 마트에서 판매하는 소시지는 소고기를 주재료로 만들어 돼지고기 특유의 쫄깃한 맛은 나지 않는다.

한국인 입장에서 또 다른 흥밋거리는 이집트의 밥 짓는 방식이다. 우리처럼 압력솥에 찌는 것이 아니라 쌀을 먼저 기름에 볶은 뒤 물을 부어 익힌다. 이런 기름진 식단 탓인지 이집트인들의 체격은 한국인보다 다소 풍채가 좋고 살집이 있는 편이다.

숟가락보다는 손과 빵으로! 이집트의 식사 예절

대도시의 식당에서는 포크와 스푼이 나오지만 일반 가정에서는 여전히 손을 깨끗이 씻고 음식을 집어 먹는 전통이 남아 있다. 외국인 손님에게는 으레 식기 도구를 내어주지만 그들의 관습에 맞춰 손으로 식사하는 것이 예의로 통할 때도 있다.

이집트인들은 식사하며 끊임없이 대화하고 유머를 즐긴다. 특히 손님이 오면 호기심 어린 질문을 던지며 유쾌한 분위기를 만든다. 다만 손님에게 음식을 과하게 권유하는 것이 이들의 식사 예절이자 관습이라서 배가 불러도 계속 권하는 통에 곤혹스러울 때도 있다.

싸고 빠르게! 이집트를 대표하는 음식

코샤리 *Koshary*: 쌀을 기름에 넣어 볶은 뒤 여기에 다시 물을 부어 찌는 식으로 조리한 밥에 마카로니, 콩, 튀긴 양파, 각종 소스와 버무린 일종의 볶음밥으로 이집트의 '국민 음식'이다.

에이쉬 *Aish*: 부침개 크기의 동그란 흰색 빵으로 이집트인의 주식이다. 화덕으로 구우면 빵에 빈 공간이 생기는데 그 안에 닭고기나 야채, 각종 소스를 넣어 먹는다. 주로 갈색콩을 익혀 으깬 '풀'이라는 소스에 찍어 먹는다. 마늘을 넣은 소스에 찍어 먹으면 더욱 고소한 맛을 느낄 수 있다. 이집트에서는 길거리에서 에이쉬와 샐러드, 홍차로 아침을 즐기는 사람들이 많다.

● 이집트 대표 요리 코샤리

● 이집트 국민빵 에이쉬

● 따메야

● 샤와르마

마흐쉬*Mahshi* : 밥에 고추나 피망, 호박과 같은 볶음 야채를 넣은 뒤 포도잎이나 양배추잎 등으로 정성스럽게 말아 열기로 찐 음식이다. 우리나라의 쌈 요리와 비슷해 보이지만 입안 가득히 퍼지는 이국적인 향이 일품인 이집트의 대표 별미다.

따메야*Ta'ameya* : 으깬 병아리콩과 고수, 파슬리 같은 허브를 섞어 튀긴 요리로 이집트의 간판 튀김 요리다. 겉은 바삭하고 속은 촉촉하며 고소한 맛이 특징이다. 이집트식 튀김 '콩완자' 라고 보면 된다.

샤와르마*Shawarma* 우리에게도 익숙한 중동식 케밥이다. 양념한 고기 덩어리를 긴 꼬챙이에 쌓아 올려 돌려가며 구운 뒤 얇게 자른 고기를 빵에 넣어 먹는 음식이다. 길거리에서 흔히 볼 수 있는 고기 샌드위치 또는 고기 랩으로 마늘 소스나 피클, 야채를 곁들여 먹는다.

입맛을 돋우는 수프와 음료

몰로키야_Mulukhiyah_: '왕의 채소'라 불리는 몰로키야를 다져 만든 수프다. 질감이 끈적하고 미끈하지만 다진 마늘과 고수의 향이 어우러진 이집트의 정통 보양식이다.

셰이_Shay_: 이집트의 국민 음료인 홍차다. 일상생활이나 손님 접대할 때면 꼭 나온다. 이집트인들은 뜨거운 홍차에 설탕을 4~5스푼씩 듬뿍 넣어 아주 달게 마신다.

수브야_Sobya_: 코코넛, 우유, 설탕을 섞어 만든 하얗고 달콤한 음료로 라마단 기간에 특히 인기가 높다.

차: 히비스커스를 우린 '카르카데'와 상큼한 '민트 차'도 이집트인이 사랑하는 음료다.

● 이집트 차

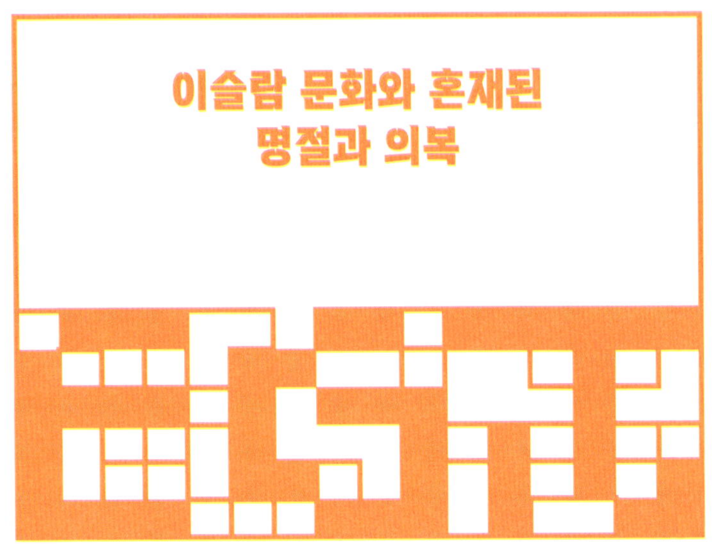

이집트의 달력은 우리와 조금 다른 속도로 흐른다. 주요 명절 대부분이 이슬람 종교와 깊게 연관되어 있으며 태양이 아닌 달을 기준으로 하는 이슬람력을 따른다. 이 시기의 이집트는 도시 전체가 멈춘 듯하지만 그 이면에는 그 어느 때보다 뜨거운 신앙과 나눔의 열기로 가득 찬다.

이집트에서 가장 큰 명절은 라마단 종료를 축하하는 '이드 알피트르*Eid Al-Fitr*'와 희생제로 불리는 '이드 알아드하*Eid Al-*

Adha'다. '이드'란 우리말로 '축제'를 뜻하는데, 이 기간에는 이 집트뿐만 아니라 이슬람권 국가 대부분에서 짧게는 3~4일, 길 게는 일주일 정도 연휴를 붙여 쉬는 것이 관례다. 이 기간에는 거의 모든 회사와 상점이 문을 닫고 일주일에 가까운 긴 축제 (이드)에 들어간다.

이드 알피트르(작은 축제, 스몰 바이람)는 성스러운 달 '라마단' 한 달 동안 낮 시간의 단식과 금욕을 마친 뒤 갖는 축제다. 종 교적 신앙심과 절제를 기르는 라마단은 이슬람력 기준으로 매 년 9월을 성스러운 달, 즉 '성월聖月'로 간주하고 한 달간 해가 떠 있는 낮 동안에는 음식을 먹지 않는 것을 말한다. 라마단 기 간 동안 이집트 무슬림들은 누가 감시하지 않아도 단식을 엄 격히 지킨다. 이 시기 점심때 식당에 가면 오직 외국인만 보일 정도이며 아예 문을 열지 않는 곳도 많다. 단, 어린이나 환자는 금식 대상에서 예외다.

이드 알아드하(큰 축제, 빅 바이람)는 우리나라의 추석과 비슷 하다. 이슬람력 12월 10일, 사우디아라비아의 성지 '메카'를 찾 는 성지순례 기간에 열린다. 무슬림이라면 일생에 한 번은 큰 비용이 들더라도 메카에 직접 가서 예배하는 성지순례를 간절 히 희망한다. 몸소 성지에 가지 못하더라도 이 기간에는 양이나 소를 잡아 그 고기의 3분의 1은 가족이, 3분의 1은 친척이, 나머 지 3분의 1은 가난한 이웃에게 나누며 이슬람과 기독교에서 '믿 음의 조상'으로 여겨지는 아브라함(이브라힘)의 믿음을 기린다.

● 라마단 직후 이슬람 명절 풍경

● 라마단 직후 이슬람 명절 시골 풍경

이슬람력은 이슬람 예언자 무함마드가 메카에서 메디나로 이주한 622년을 원년으로 삼으며 달의 운동을 기준으로 1년을 354.3일로 계산한다. 그래서 우리가 쓰는 양력보다 매년 11일씩 명절이 빨라진다. 이 때문에 이집트에 진출한 우리 기업들은 명절 시기를 미리 파악해 본사에 보고하는 것이 중요한 업무 관행이 되었다. 여행객 역시 명절 기간 낮 동안에는 시내가 한산하고 기본 업무를 보기 어려울 수 있으므로 주의가 필요하다.

명절에는 물가 상승이라는 부작용도 뒤따른다. 전 국민이 한꺼번에 대량으로 장을 보다 보니 거대 자금이 시장에 풀리고, 특히 인기 있는 양고기는 사재기나 물량 부족으로 가격이 급등하기도 한다. 한편에서는 명절이 본래의 나눔 의미보다 상업적으로 변질하고 있다거나 과도한 식사량으로 건강을 해친다는 자성의 목소리가 나오고 있다.

1월 7일의 크리스마스와 독특한 공휴일

이집트에서 매년 날짜가 바뀌는 국정 공휴일은 이슬람 신년(이슬람력 1월 1일)과 이드 알피트르(이슬람력 10월 1일, 라마단 종료 직후 2일간), 이드 알아드하(이슬람력 12월 10일, 3일간), 무함마드 탄생일(이슬람력 3월 12일)이다.

또 이집트 소수 콥틱 기독교도는 고대 이집트력을 기반으로 부활절을 정하는 데 이날은 기독교도들의 공휴일이다. 콥틱 교회는 태양력 기준으로 3월 21일 춘분이 지난 뒤 첫 보름달이 뜨고 그다음 일요일을 부활절로 정한다.

이집트 민속 명절로써 '봄의 축제일'을 뜻하는 '샴 엘네심'은 콥트 기독교 부활절 다음날이다. 이날 역시 기독교도인들에게는 공휴일이다.

이집트에서는 콥트 기독교의 전통에 따라 크리스마스가 12월 25일이 아니라 1월 7일이다. 그래서 12월 25일이나 1월 1일 새해 첫날은 평일처럼 조용히 지나간다.

이 외에도 시나이반도 반환일(4월 25일), 노동절(5월 1일), 1952년 나세르 전 이집트 대통령이 주도한 혁명 기념일(7월 23일), 우리의 국군의 날에 해당하는 전쟁기념일(10월 6일)이 공휴일로 지정되어 있다.

전통과 실용의 조화, 갈라베야와 히잡

이집트 거리에서는 남성들의 전통복인 '갈라베야*Galabeya*'를 쉽게 볼 수 있다. 헐렁한 원피스 형태인 이 옷은 무더운 기후에 통풍이 잘되고 움직임이 편해 남부 농촌 지역은 물론 라

마단 축제 때도 즐겨 입는다.

여성들은 헐렁한 원피스 형태의 '아바야*Abaya*'를 입고 여기에 머리카락을 가리는 '히잡*Hijab*'을 쓴다. 다만 콥트 기독교 여성은 쓰지 않는다.

눈만 내놓고 전신을 가리는 '니캅'도 간혹 보이지만 세속주의 성향이 강한 이집트에서는 히잡이 가장 일반적이다. 사막의 유목민인 베두인 여성들은 이들과 달리 화려한 자수와 장신구로 꾸민 드레스를 입고 자신들만의 정체성을 드러낸다.

우리나라 성인남녀가 '아메리카노'를 즐기듯 이집트인의 손에는 늘 '셰이*Shay*'라 불리는 홍차가 들려 있다. 카페 문화가 매우 발달한 이집트에서는 대낮부터 남성들이 카페에 모여 홍차를 마시며 수다를 떠는 풍경을 어디서나 볼 수 있다.

이집트인의 영혼을 달래는 음료, 홍차 '셰이'

홍차는 이집트의 차 문화와 카페 문화에서 절대 빼놓을 수 없는 음료이다. 어느 집에 초대를 받든 어김없이 따뜻한 셰이가 나오고 그 잔을 사이에 두고 담소가 시작된다. 내가 카이로

에서 아랍어를 배울 때도 현지인 강사가 매번 직접 홍차를 내
주며 환영의 마음을 전하곤 했다.

이집트 홍차의 역사는 16세기 오스만 제국 시대로 거슬러
올라간다. 이때 도입된 차 문화는 중동 전역으로 퍼졌고, 이집
트인 사이에서 중요한 사교 음료로 자리 잡았다. 이후 영국의
식민 지배를 거치며 차 문화는 더욱 활성화되었고, 함께 차를
마시는 행위는 필수적인 사회적 활동이 되었다.

단것을 유난히 좋아하는 이집트인들은 홍차에 설탕을 듬뿍
넣는다. 카페에서 셰이를 주문하면 설탕이 담긴 작은 유리통과
물이 함께 나오는데, 덥고 건조한 날씨 때문인지 설탕과 더불어
신선한 민트 잎을 넣어 향긋하고 시원하게 즐기는 경우도 많다.

진한 향과 전통의 맛, 이집트의 커피 문화

홍차뿐만 아니라 커피도 이집트 사교 문화의 큰 축을 형성
한다. 커피 역시 오스만 제국 시절 전래되어 대중적인 음료로
입지를 굳혔다. 현대적인 카페에서는 아메리카노, 카페라떼,
카푸치노가 인기지만 우리와 달리 얼음이 담긴 '아이스 아메
리카노'를 마시는 사람은 거의 찾아보기 힘들다.

이곳의 백미는 전통 방식으로 끓인 커피다. 커피 원두를 굵
게 분쇄해 작은 구리 냄비(카나카)에 물과 설탕을 함께 넣고 약

한 불에서 서서히 끓여낸다. 이 커피는 거르지 않고 잔에 따르기 때문에 분쇄된 원두가 물과 섞여 있어 원두 본연의 거칠고 진한 맛이 입안 가득 느껴진다.

이슬람교를 믿는 이집트인들은 술을 마시지 않는다. 대신 카페가 사회 구성원들 간의 교류를 담당하는 '장場'이 된다. 우리나라 성인들이 회식 자리에서 스트레스를 푼다면 이집트인들은 카페에서의 수다로 그 즐거움을 찾는다.

번화가의 카페에는 푸짐한 요리와 디저트용 빵, 케이크는

● 이집트 카페 풍경

물론 바나나와 사과 같은 과일도 팔아 간단한 식사를 겸할 수 있다. 대형 TV가 설치된 카페에는 남자들이 삼삼오오 모여 물담배인 '시샤'를 피우며 스포츠나 음악을 즐긴다.

특파원의 추억이 깃든 골목 카페

이집트 카페는 한국 카페에 비해 천장이 유독 높다. 덕분에 옆 좌석 사람들이 큰 소리로 아랍어를 주고받아도 소음이 분산되어 남의 대화가 잘 들리지 않고 방해받는 느낌도 들지 않는다.

특파원 시절, 나는 카이로 남부 마아디 지역의 '그레코 Greco'라는 전통 있는 작은 규모의 카페에 자주 들렀다. 그곳에서 그윽한 향기의 진한 카푸치노를 마시며 책을 읽거나 다음에 쓸 글의 구상에 몰두하며 느꼈던 정취는 지금도 머릿속에 생생하다. 스타벅스 같은 세계적인 체인점도 많지만 이집트 특유의 문화 체험을 원한다면 간판이 허름하고 옛날 분위기가 물씬 풍기는 동네 골목의 카페를 찾는 것이 훨씬 좋은 방법이다.

● 이집트 카페 카푸치노

이집트는 고대부터 다양한 문명이 교차하는 지리적 특성 덕분에 여러 문화를 하나로 어우르는 '용광로' 역할을 해왔다. 이러한 개방적 토양 위에서 가장 화려하게 꽃을 피운 분야는 단연 영화다.

'아랍의 할리우드'라 불리던 전성기

이집트가 중동과 아랍권에서 영향력이 막강했던 1940~1960년대 이집트는 '아랍의 할리우드'라 불릴 정도로 호황을 누렸다. 1970년대까지만 해도 주변 아랍 국가들이 영화와 미디어

● 이집트 국영TV 건물

기술을 배우기 위해 이집트로 인력을 파견할 정도였다.

카이로 도심, 나일강변 바로 옆 명당에 우뚝 솟은 대규모의 이집트 국영 TV 건물은 당시의 위상을 보여주는 상징적 건축물이다. 지금은 비록 외관이 조금 낡고 빛바랬지만 그 웅장한 규모만큼은 과거 이집트 미디어 산업이 누렸던 영광을 짐작케 한다.

변화하는 영화의 스펙트럼과 '아랍의 봄'

이집트 영화의 역사는 단순히 상업적인 흥행에만 머물지

않았다. 1990년대 이후 이집트 영화 산업은 사회와 정치 문제를 정면으로 다루는 독립영화들이 등장하면서 새로운 국면을 맞이했다. 예술적 가치에 묵직한 사회적 메시지까지 담아내며 영화의 장르는 훨씬 더 다양해졌고 상업 영화 또한 여전히 중동과 북아프리카 지역에서 중요한 비중을 차지하며 영향력을 유지했다.

이러한 변화의 물결은 2010년대까지 이어지며 이집트 영화의 스펙트럼을 더욱 넓혀놓았다. 특히 2011년 '아랍의 봄' 직후에는 표현의 자유와 민주주의를 주제로 한 영화들이 눈에 띄게 늘어나기도 했다. 시대의 아픔과 열망을 스크린에 담아내려는 시도가 그 어느 때보다 활발했던 시기다.

경기 침체와 경쟁력 하락, 피할 수 없는 쇠락의 길

하지만 찬란했던 역사가 무색하게도 이집트 영화 산업은 갈수록 쇠락하는 모습을 보이고 있다. 과거 전성기 시절 중심축이었던 '미스르 스튜디오Studio Misr'의 명성도 이제는 옛말이 되었다. 미스르는 아랍어로 '이집트'를 뜻하는데, 이름에서 알 수 있듯 정부와 민간이 합심해 영화와 드라마 제작을 전폭적으로 지원했다. 당시 제작된 TV 드라마는 전 아랍권으로 수출될 만큼 인기가 높았다.

한때 연간 80편 이상 쏟아져 나오던 영화 제작 편수는 최근 연간 10편 수준으로 급감했다. 오랜 경기 침체로 투자가 줄고 막대한 자본을 앞세운 걸프 지역 국가들이 영화 산업에 뛰어들면서 서서히 경쟁력을 잃었기 때문이다. 게다가 경제가 어려워지자 국민들도 문화생활을 즐길 여유가 사라졌고 이는 다시 영화 산업의 위축으로 이어지는 악순환이 반복되고 있다.

영화관에서 목격한 이집트의 두 얼굴

카이로의 대형 쇼핑몰 안에 있는 현대식 영화관에서 가족과 함께 할리우드 영화를 여러 차례 관람한 적이 있다. 건물 안팎은 무척 깨끗하고 최신식 대형 스크린을 갖추고 있었다. 독특한 점은 더빙을 거의 하지 않는다는 것이다. 어린이용 애니메이션조차 아랍어 자막을 띄웠다.

반면 동네의 작은 영화관은 시설이 열악하고 좌석 수도 적어 환경이 사뭇 달랐다. 특히 동네 영화관 주변에서 여성들과 아이들이 껌을 팔거나 돈을 달라고 손을 내미는 모습을 자주 목격하곤 했다. 이집트 사회의 뿌리 깊은 빈부 격차를 실감케 하는 서글픈 풍경이었다.

이집트 미디어의 또 다른 특징은 정부에 대한 높은 의존도다. 국영 방송은 물론 민영 방송사들 역시 정부의 영향력에서 자유롭지 못하다. 국민 대다수가 시청하는 국영 TV와 알마스리야, 알나일 TV 등은 모두 친정부 성향의 관영 방송이다.

다른 언론 매체 역시 상황은 비슷하다. 우리나라의 연합뉴스와 같은 역할을 하는 MENA 통신사, 이집트 최대 부수를 자랑하는 알아흐람*Al-Ahram*과 알아크바르*Al-Akhbar*, 그리고 유일한 영문 일간지인 이집션 가제트*Egyptian Gazette* 모두 정부에 우호적인 매체로 분류된다. 야권 성향의 알와프드*Al-Wafd*라는 신문이 있긴 하지만 부수가 적고 영향력이 미미하다. 민주화 운동 이후 표현의 자유가 논의되기도 했지만 여전히 군부 출신의 대통령을 정면으로 비판하는 보도는 찾아보기 힘들다.

이집트의 결혼 문화는 현대적인 자유로움과 수천 년을 이어온 견고한 전통 관습이 묘하게 뒤섞여 있다. 카이로나 알렉산드리아 같은 대도시의 대학가에서는 남녀 간의 교제가 비교적 자유롭고 성인이 된 무슬림 여성들은 대부분 히잡을 쓰지만 종교적 성향에 따라 착용하지 않는 이들도 심심치 않게 눈에 띈다.

결혼, 선택이 아닌 성스러운 의무

이집트 사회에서 결혼은 개인의 선택을 넘어 성인이 되면 반드시 이행해야 할 사회적·종교적 의무로 받아들여진다. 이

집트 속담에 '결혼은 신앙의 반'이라는 말이 있을 정도다. 그래서인지 사별이나 이혼 같은 특별한 사유 없이 홀로 사는 독신자는 찾아보기 어렵다.

결혼은 주로 비슷한 계층과 종교를 지닌 가문끼리 이루어진다. 만약 무슬림과 기독교도가 사랑에 빠져 결혼하려 한다면 대개는 기독교도가 이슬람으로 개종한다.

'명예'라는 이름의 엄격한 굴레

이집트 부모들은 자녀의 결혼을 인생의 가장 큰 숙제로 여기며 적극적으로 지원한다. 하지만 그 이면에는 엄격한 관습의 잣대가 존재한다. 특히 시골이나 농촌 지역에서는 여성의 순결을 가문의 명예와 동일시한다.

만약 결혼 전 순결을 잃었거나 외지인과 사귄다는 소문만 돌아도 이는 개인의 문제를 넘어 가문 전체의 수치로 여겨진다. 가문의 명예를 목숨보다 소중히 여기는 보수적인 집안에서는 아버지나 오빠가 여성의 목숨을 앗아가는 비극적인 '명예살인'이 발생하기도 하는데, 이는 이슬람 계율이라기보다 뿌리 깊은 토착 관습과 연관이 깊다.

지참금과 현실적인 결혼 조건

이집트 종교법상 일부다처제는 허용되지만 국가적으로 권장하는 사항은 아니다. 오늘날에는 일부일처제가 보편적인 풍조로 자리 잡았다. 대도시에서 남성이 결혼하려면 안정적인 직업과 신혼집 마련이 필수적인데, 이 조건을 갖추다 보면 남성의 결혼 연령은 보통 30세를 훌쩍 넘기게 된다. 반면 여성의 부모들은 딸을 되도록 빨리 결혼시키려 하여 10대 후반에

시집을 보내는 경우도 많아 부부간의 나이 차이가 꽤 벌어지기도 한다.

이집트 결혼의 독특한 문화 중 하나는 '결혼지참금(마하르)'이다. 신랑이 신부 측에 주는 이 돈은 신부 가문의 위상, 자산, 신부의 학력과 외모, 직업에 따라 액수가 천차만별이다. 신랑이 집을 책임지면 신부는 지참금에 비용을 보태 가구와 가전제품을 마련하는 식이다. 최근에는 실용적인 관점에서 지참금 대신 남녀가 의논해 혼수 비용을 분담하기도 한다.

밤새도록 이어지는 목요일의 잔치

이집트의 결혼식은 식장 내부 행사로 끝나지 않는다. 예식이 끝난 뒤 거리로 나온 신혼부부 주변에는 지인들이 몰려들어 악기를 연주하며 시끌벅적하게 노래하고 춤을 춘다. 특히 시골 마을에서는 온 동네가 들썩일 정도로 요란한 축제가 벌어진다.

보통 결혼 계약은 수요일에 맺고 본격적인 잔치는 목요일에 열린다. 이집트는 금요일과 토요일이 주말이기에 목요일 밤이 우리나라의 금요일 밤처럼 축제의 정점이 된다.

결혼 후 출산은 당연한 축복이자 결혼 다음의 자연스러운 단계로 여겨진다. 흥미로운 점은 교육 수준에 따라 자녀 수가 확연히 차이 난다는 것이다. 대학을 졸업한 여성들은 대개 2~3명의 자녀를 두지만 시골 농촌 지역 여성들은 평균 6~7명의 자녀를 낳는다. 이는 농사일을 도울 노동력을 확보하려는 현실적인 이유도 크다. 하지만 이 때문에 시골 아이들은 이른 나이부터 가사나 농사일에 투입되어 제대로 된 교육을 받지 못하고 문맹이 될 위험에 노출되어 있다.

● 이집트 시골 어린이

이집트인들에게 음악은 취미를 넘어 삶의 일부이자 습관이라고 해도 과언이 아니다. 결혼식이나 축제가 열리는 곳이면 어김없이 북소리가 울려 퍼지고 사람들은 그 리듬에 맞춰 자연스럽게 몸을 흔든다.

신을 위한 음악에서 서정적인 노래로

음악을 향한 이집트인의 열정은 수천 년 전 고대로 거슬러 올라간다. 고대 이집트인에게 음악은 신을 숭배하는 의식과 일상을 영위하는 데 필수적인 요소였다. 지금도 유적지의 벽화

에는 하프와 목관 악기를 연주하는 모습이 선명하게 남아 있
다. 당시 음악은 신들과 소통하는 신성한 수단으로 여겨졌다.

근대에 접어들면서 이집트 음악은 아랍권 특유의 서정적인
정서를 담은 노래로 발전했다. 가사 속에는 애절한 사랑은 물
론 이집트의 사회, 정치, 문화적 흐름이 짙게 녹아 있다.

이집트 음악의 가장 큰 특징은 특정 음절과 리듬을 반복하
는 타악기를 빈번하게 사용한다는 점이다. 축제나 결혼식 현장
에서 자주 볼 수 있는데 다
양한 크기의 북을 손바닥으
로 두드리는 연주가 시작되
면 남녀노소 할 것 없이 자
리에서 일어나 손을 높이 들
고 리듬에 맞춰 춤을 춘다.

이러한 타악기 연주는 이
집트의 대표 문화 상품인 벨
리댄스*Belly Dance* 공연에서
도 흔히 볼 수 있다. 해가 진
뒤 나일강 유람선 위에서 화

● 이집트 전통 악기 연주

려한 복장의 댄서가 강렬한 타악기 리듬에 맞춰 춤추는 모습을 관람하노라면 마치 현실을 잊고 다른 세계에 와 있는 듯한 묘한 해방감을 느끼게 된다.

아무르 디압에서 BTS까지 진화하는 음악

지금의 이집트 음악은 사회와 계급 문제를 다루기도 하고 전통 아랍 음악을 현대식 팝으로 한 단계 업그레이드하여 중동 전역에서 큰 주목을 받고 있다. '아랍의 아이돌'로 불리는 아무르 디압*Amr Diab*과 루비*Ruby* 같은 가수들은 온라인을 기반으로 전세계 아랍인들에게 막강한 음악적 영향력을 행사한다.

최근에는 한국의 K-팝 열풍도 거세다. 카이로와 알렉산드리아에서 'K-팝 경연대회'가 정기적으로 열릴 정도로 현지 젊은 여성층의 호응이 뜨겁다. 특히 방탄소년단*BTS* 같은 아이돌 그룹은 이집트 대도시 젊은이들 사이에서 인기가 높으며 새로운 문화 흐름을 만들고 있다.

예술의 전당, 카이로 오페라하우스

이집트 예술의 자존심을 상징하는 곳은 단연 카이로 오페

● 카이로에도 번진 K-팝 열기

● 카이로에서 펼쳐진 한국 공연

라하우스와 제2의 도시인 알렉산드리아 오페라하우스다. 해외 유명 예술단이 이집트를 찾을 때면 빠짐없이 공연을 펼치는 주 무대이다. 한국의 대표 공연인 '난타'가 카이로 오페라하우스 무대에 올라 큰 박수를 받기도 했다.

카이로 오페라하우스는 안타깝게도 1971년 화재로 소실됐다가 1988년 일본의 원조를 받아 지금의 모습으로 재탄생했다. 비록 재건 과정에서 외국의 도움이 있었으나 이곳은 여전히 이집트 현대 예술의 중심지로서 그 위상을 지키고 있다.

알렉산드리아에의 대표적 문화 시설로는 클래식과 오페라, 발레 공연 등이 열리는 '사이드 다르위시 극장'이 있는데, 줄여서 알렉산드리아 오페라하우스라 불리기도 한다.

● 이집트 공연 포스터

이집트 공예품은 고대 문명의 마지막 유산이자 이집트의 숨은 보물 같은 존재다. 수천 년의 시간을 건너온 이들의 손재주는 오늘날까지 이어져 독특한 예술 세계를 구축하고 있다. 그중에서도 대표하는 공예품으로는 파피루스*Papyrus*와 카르투쉬 *cartouche*가 꼽힌다.

파라오의 종이, 파피루스

파피루스는 이집트에서 자생하는 '파피루스'라는 식물 줄기로 만든 종이 같은 필기 재료다. 고대 이집트에서 파라오와 왕

족, 귀족이 기록을 남길 때 사용하던 귀한 물품이었다.

제작 방식은 꽤 섬세하다. 파피루스의 겉껍질을 벗겨낸 뒤 속살을 길쭉한 띠 모양으로 얇게 저민다. 이렇게 만든 띠들을 가로세로로 겹쳐 이어 붙인 뒤 압착하여 두루마리 형태로 사용했다. 그 위에 갈대 펜이나 잉크로 글을 쓰거나 그림을 그렸는데 당시 이미 상당한 수준으로 발달했던 색채 기술을 활용해 화려하고 정교한 그림을 남기기도 했다.

본래 카르투쉬는 고대 이집트에서 파라오의 이름을 감싸고 있는 타원형의 이름 틀을 의미했으나 지금은 이집트 상형문자를 새겨 넣은 목걸이나 팔찌 같은 '공예 보석품'을 일컫는 말로 더 자주 쓰인다.

카이로의 전통 시장에 가면 자신만의 카르투쉬 기념품 제작을 의뢰할 수도 있다. 금과 은으로 제작이 가능한데, 가격 차이 때문에 은 제품이 인기가 많다. 자신의 영문 이름을 알려주면 숙련된 작업자가 그 발음에 대응하는 상형문자를 금속 위에 하나하나 정성껏 새겨준다. 카이로 특파원 시절, 한국의 지인으로부터 카르투쉬를 대신 구해줄 수 있느냐는 부탁을 받았을 만큼 이 공예품은 외부인들에게도 매혹적인 선물이다.

파피루스와 카르투쉬는 이집트를 제외하고는 세계 그 어느 곳에서도 구하기 힘든 독창적인 공예품들이다. 이 물건들을 가만히 들여다보고 있으면 고대 문명의 상상력 속으로 빠져드는 듯한 기분이 들며 기계가 흉내 낼 수 없는 수작업의 진수를 새삼 느끼게 된다.

● (위) **투탕카멘 카르투쉬**, (아래) **마슈라비아**

이 외에도 한국인 관광객들이 즐겨 찾는 이집트산 공예품은 다양하다. 돌을 깎아 만든 정교한 피라미드 모형, 뒷면에 파라오 여왕의 초상이 새겨진 거울, 그리고 상감 공예의 정수로 불리는 '마슈라비야*Mashrabiya*'가 대표적이다. 특히 마슈라비야는 이집트 전통 건축에서 흔히 볼 수 있는 격자형 나무 창문 장식으로, 이집트 특유의 이국적인 공간미를 상징하는 예술품이라 할 수 있다.

함께 생각하고 토론하기

이집트 역사와 문화를 간접적으로 체험할 수 있는 이집트 대박물관 *Grand Egyptian Museum*이 2025년 11월 개관했습니다. 카이로 외곽 기자의 대피라미드 바로 옆에 세워져 이제는 고대 문명에 관심 있는 누구라도 한 번쯤 방문해 보고 싶은 곳이기도 합니다. 이집트 현대사에서 아스완댐과 비견될 만큼 대형 국가 프로젝트 건축물로 평가받고도 있습니다. 이집트의 만성적 재정난 속에서도 이런 대형 건축물이 완성될 수 있는 배경에는 외국의 자본·기술 지원과 국제 협력이 자리 잡고 있다는 분석이 나옵니다.

● 이집트 대박물관에는 막대한 예산과 인력이 들었고 일본과 중국 등 해외의 재정·기술 지원도 활용됐습니다. 그 나라의 상징적인 건축물을 지을 때 막대한 예산이 드는 만큼 외국의 재정과 기술 지원을 받는 것은 당연하다고 생각하나요? 아니면 기념비적인 건축물인 만큼 시간과 비용이 더 들더라도 자체 역량만으로 추진하는 게 바람직할까요?

●● 이집트는 이 박물관 개관을 계기로 다른 나라가 과거에 약탈하거나 불평등한 관계 속에서 반출된 것이라며 이집트 유물을 보유 중인 영국과 프랑스, 독일, 네덜란드 등에 반환을 요구하고 있습니다. 이런 요구는 당연하고 타당하고 보나요? 해당 국가들은 이런 요구를 들어줄 의무가 있을까요? 불법 반출과 합법 취득의 경계를 정하는 기준은 무엇일까요?

5부

여기를 가면
이집트가 보인다

"카이로는 잠들지 않는다."

카이로 도시의 활기차고 역동적 모습을 표현한 격언이다.
실제 카이로에서는 밤늦게까지 카페와 식당, 재래시장이 문을 열고 있고
시민과 관광객으로 항상 북적인다.

알면 알수록 호감이 가고 여전히 베일에 싸인 신비함이 남아 있는 곳이 바로 카이로다. 처음 마주한 카이로는 다소 시끄럽고 정신없이 분주해 보일 수도 있지만 이 도시만의 진정한 매력을 발견하는 순간 그 생각은 기분 좋게 뒤집힌다.

밤이 없는 불야성, 나일강의 호사

카이로는 '밤이 없는 불야성의 도시'로 유명하다. 낮에는 타는 듯한 태양이 내리쬐지만 해가 지면 선선하고 건조한 바람이 불어 야외 활동을 하기에 더할 나위 없이 좋아진다. 베란다나 야외 카페에 앉아 호젓한 개인적 호사를 누릴 수 있는 시간도 바로 이때다. 카이로 중심을 가로지르는 나일강 변 식당이나 유람선에서 전통 공연이나 벨리댄스를 감상하다 보면 찬란한 고대 문명을 꽃피운 이집트의 옛 정취와 함께 마음의 여유가 찾아온다.

2,000만 명이 공유하는 거대 생활권

카이로에 사는 인구는 약 1,040만 명이며 바로 인접한 기자 지역에 거주하는 인구도 960만 명에 달한다. 광범위하게 보면 기자까지 카이로 생활권에 포함되는데, 이럴 경우 약 2,000만 명이 거대한 메트로폴리스를 공유하며 살아가는 셈이다. 이집트 전체 인구가 1억 명을 조금 웃도니 국민 5명 중 1명이 카이로에 집중되어 있다.

매일 밀려드는 엄청난 수의 관광객과 통계에 잡히지 않는 유동 인구, 현지 체류 외국인에다 이집트인의 높은 출생률을 감안하면 장차 카이로 인구 '3,000만 명 시대'가 도래하는 것도 불가능한 시나리오는 아니다. 이집트 정부 역시 이러한 인구 과밀 문제를 심각하게 인식하여 현재 카이로 동쪽 지역에 새로운 행정수도를 건설하며 활로를 찾고 있다.

● 카이로 시내 풍경

피라미드와 스핑크스, 그리고 대박물관의 탄생

카이로에는 전 세계 역사 교과서에 빠짐없이 등장하는 불가사의한 볼거리가 가득하다. 기자 지역에는 고대 파라오인 쿠푸, 카프레, 멘카우레를 기리는 세 개의 피라미드가 우뚝 서 있는데, 현존하는 피라미드 중 원형이 가장 잘 보존된 유산이다. 그 앞에는 거대한 자연석을 깎아 만든 스핑크스가 위용을 자랑하며 서 있다.

이 유적지 근처에는 최근 이집트 대박물관이 새롭게 문을 열었다. 도심에 있던 기존 박물관이 낡고 협소해 대규모 신축

● 쿠푸, 카프레, 멘카우레를 기리는 세 개의 피라미드

사업을 추진한 것이다. 2002년 시작된 이 프로젝트는 자금 부족과 '아랍의 봄', 코로나19 사태 등을 겪으며 20년이 넘어서야 비로소 마침표를 찍게 되었다.

<h2 style="text-align:center">역동적인 혼돈과 악명 높은 교통 체증</h2>

카이로 도심에 들어서면 그 엄청난 역동성에 놀라면서도 한편으로는 정신이 아득해진다. 도로는 수십 년 전과 다름없는데 차량은 기하급수적으로 늘어났기 때문이다. 자동차 사이로 오토바이와 자전거, 심지어 당나귀가 끄는 수레까지 뒤섞여 달린

다. 신호등이나 차선이 없는 곳도 허다해 직접 운전할 때는 한 시도 긴장을 늦출 수 없다.

특히 여름철 카이로는 더욱 뜨겁다. 비 한 방울 내리지 않는 강렬한 태양 아래 그늘 없는 거리를 걷는 것은 고역에 가깝다. 지하철은 늘 만원 열차이며 택시나 자가용을 이용하더라도 카이로의 악명 높은 교통 체증을 피해 가기는 거의 불가능하다.

중세의 숨결을 간직한 '칸 엘 칼릴리' 시장

카이로에서 가장 복잡하면서도 매혹적인 곳은 구시가지의 칸 엘 칼릴리*Khan El-Khalili* 시장이다. 이집트에서 가장 오래된 전통시장인 이곳은 미로처럼 얽힌 좁은 골목과 아름다운 이슬람 건축 양식이 잘 보존되어 있어 관광객들의 필수 코스로 꼽힌다.

금·은 세공품부터 향수, 전통 의상, 파피루스 그림, 수공예품 등 이집트의 모든 기념품이 이곳에 모여 있다. 특히 이 시장 안에는 18세기에 세워진 유서 깊은 '엘 피샤위 카페*El-Fishawy Cafe*'가 있는데, 이집트의 대문호 나기브 마흐푸즈도 이곳을 자주 찾아 영감을 얻었다고 한다. 옛 정취가 가득한 이곳에서 맛보는 이집트 전통식 커피는 카이로 여행의 잊지 못할 풍미를 선사한다.

알렉산드리아, 고대 문명과 현대가 공존하는 문화 수도

카이로를 벗어나 북쪽으로 향하면 공기부터가 사뭇 다른 지중해 항구도시 알렉산드리아가 나타난다. 이곳에서는 카이로의 소란스러움 대신 상쾌한 바닷바람과 짭조름한 바다 내음을 만끽할 수 있다. 해안 도로를 따라 늘어선 카페와 쉼터에는 휴식을 즐기는 가족, 친구, 연인들의 모습이 쉽게 눈에 띈다. 지중해성 기후 특유의 쾌청한 날씨 덕분인지 현지 주민들의 표정에서도 한결같은 여유로움이 묻어난다. 지중해 해변을 따라 현대식 건물들이 들어섰지만 여전히 고풍스러운 근대 건축물들이 다수 남아 있어 마치 과거와 현재가 아름답게 공존하는 듯한 묘한 매력을 발산한다.

도시의 이름에서 짐작할 수 있듯 이곳은 그리스로마 시대의 전설적인 정복왕 알렉산더 대왕의 이름을 딴 도시다. 기원전 332년, 페르시아 치하에 있던 이집트를 해방시킨 알렉산더 대왕은 이 땅의 매력에 깊이 매료되어 스스로 파라오라 칭하고 이곳을 이집트의 새로운 수도로 삼는 역사적 결단을 내렸다. 당시 대왕이 정복한 여러 지역에 자신의 이름을 딴 '알렉산드리아'를 여럿 건설했지만 세월의 풍파 속에 모두 사라지고 오늘날 그 이름 그대로 현존하는 도시는 이곳 이집트에만 있다.

클레오파트라의 숨결과 해저 궁전의 신비

지중해와 맞닿은 알렉산드리아 북쪽은 아름다운 해변과 함께 수많은 고대 유적을 품고 있는 보물창고와 같다. 이곳은 이집트의 마지막 파라오, 클레오파트라 7세가 활동했던 근거지로도 유명하다. 그녀는 알렉산드리아의 부흥을 이끌며 이곳에 세워진 화려한 궁전에서 살았다. 하지만 지중해의 해수면이 상승하고 육지가 침식되면서 찬란했던 '클레오파트라 궁전'은 이제 볼 수 없게 되었다. 대신 도시 해변 앞 깊은 바닷속에 가라앉아 해저 유적이라는 신비로운 형태로 그 역사를 이어가고 있다.

● 알렉산드리아 클레오파트라 행사

지식의 전당, 알렉산드리아 도서관의 재탄생

기원전 3세기에 지어진 알렉산드리아 도서관은 당시 세계 역사상 최고, 최대 규모를 자랑하던 학문의 중심지였다. 전 세계의 모든 희귀 자료와 역사서, 기록물이 이곳으로 집결되었다고 전해진다. 그러나 여러 차례의 분쟁과 약탈, 화재를 겪으며 결국 역사 속으로 사라지고 말았다.

오늘날 우리가 마주하는 도서관은 유네스코와 여러 국가의 재정 지원을 받아 2002년 신축된 것이다. 현재 도서관 외벽에는 전 세계의 문자가 새겨져 있는데, 한글을 비롯해 영어, 일본어, 중국어 등 다양한 언어가 조각되어 있다. 이 독특한 모

습 덕분에 외국인 관광객들 사이에서 사진 찍는 명소로도 널리 알려져 있다.

사라진 불가사의, 파로스 등대와 카이트베이 요새

세계 고대 7대 불가사의 중 하나인 파로스 등대 역시 기원전 3세기 초 알렉산드리아 해안에 세워졌던 신비로운 건축물이다. 당시 수도 알렉산드리아를 상징하는 랜드마크였으나 14세기 발생한 대지진으로 인해 완전히 붕괴되었다.

흥미로운 점은 이 거대한 등대의 잔해가 완전히 사라진 것

● 알렉산드리아 시타델

● 파로스 등대 잔해가 바닥 아래에 있는 곳으로 추정되
는 시타델 내부

이 아니라는 사실이다. 당시 등대에 사용되었던 석재들은 15세기 맘루크 왕조의 술탄 카이트베이*Qaitbay*가 외적의 침입을 막기 위해 요새를 쌓을 때 재사용되었다. 등대가 서 있던 바로 그 자리에 세워진 카이트베이 요새는 사라진 고대의 불가사의가 중세의 성채로 환생한 역사의 현장인 셈이다.

이집트의 영원한 '문화 수도'

알렉산드리아는 19세기 근대화 과정에서 카이로로 수도가 옮겨지며 잠시 침체기를 겪기도 했다. 하지만 고대 역사가 거리마다 살아 숨 쉬고 지중해를 통해 유럽과 오랜 시간 문화적 교류를 이어온 덕분에 여전히 이집트인들에게 특별한 도시다.

지중해의 낭만과 고고학적 가치를 동시에 지닌 알렉산드리아는 오늘날에도 이집트의 진정한 '문화 수도'로서 그 역할을 묵묵히 수행하고 있다.

이집트의 주요 도시들이 나일강을 젖줄 삼아 태어났듯 고대 왕국의 찬란한 유산인 룩소르와 아스완 역시 나일강을 곁에 두고 탄생했다. 오늘날 카이로가 최대 도시의 위상을 떨치고 있다면 고대 이집트의 중심에는 당대 최고의 번영을 누렸던 룩소르가 있었다.

피라미드 대신 신전을 택한 파라오들

고대 이집트의 수도로 '테베*Thebes*'라 불렸던 룩소르는 중왕국과 신왕국, 그리고 말기 왕조에 최고의 전성기를 구가했다.

이 시기 파라오들 사이에서는 웅장한 신전을 짓는 것이 유행처럼 번졌다.

초기 왕조를 상징하던 피라미드는 도굴에 취약했을 뿐만 아니라 엄청난 노동력과 재정이 소모되는 작업이었다. 결국 파라오들은 끊이지 않는 도굴 문제에 골머리를 앓다 막강한 국력을 화려하고 웅대한 신전 건설에 집중하기 시작했다. 룩소르에서 피라미드를 찾아볼 수 없는 이유가 바로 여기에 있다.

죽음과 부활의 땅, 왕들의 계곡

중왕국 시대 이후의 파라오들은 도굴을 막기 위해 피라미드 대신 나일강 서안의 석회암 골짜기에 '왕들의 계곡'을 조성했다. 숨겨진 파라오들의 집단 무덤인 이곳은 오늘날에는 카이로의 피라미드에 이어 이집트에서 두 번째로 유명한 관광지가 됐다. 도굴꾼들이 오랜 세월 왕들의 계곡에서 금은보화를 찾아나서 약탈을 시도했으나 다행히 지금도 보존 상태가 훌륭한 유적이 상당수 남아 있다.

눈여겨볼 것은 '왕들의 계곡'이 나일강 서쪽에 위치해 있다는 것이다. 해가 동쪽에서 떠서 서쪽으로 지듯 나일강 서쪽 지역은 고대인들에게 죽음과 부활을 상징하는 성스러운 땅이었기 때문으로 보인다.

투탕카멘의 황금과 네페르타리 여왕의 위용

'왕들의 계곡'에서는 현재까지 총 62개의 파라오 무덤이 발견되었다. 그중 백미는 1922년 영국인 하워드 카터가 발굴한 투탕카멘 왕의 무덤이다. 이 무덤에서는 시신과 함께 눈부신 금제 부장품들이 쏟아져 나왔다. 무덤 내부를 장식한 황색과 오렌지색 바탕의 벽화들은 4,000여 년 전의 것이라고는 믿기지 않을 만큼 선명한 색채를 유지하고 있는데, 이는 이집트의 건조한 기후 덕분이다.

왕들의 계곡 뒤편에는 이집트 역사상 가장 유명한 여왕, 핫셉수트Hatshepsut의 신전이 자리한다. 테라스 형태의 독특한 3층 구조로 지어진 이 신전은 독창적이면서도 웅장한 자태를 뽐낸다. 인근에는 '왕비들의 계곡'도 있는데 파라오 중 가장 강력했던 람세스 2세의 왕비 네페르타리Nefertari의 무덤이 제일 유명하다.

신과 인간을 잇는 통로, 카르나크와 룩소르 신전

룩소르 동쪽에는 이집트 최대 규모를 자랑하는 카르나크 신전이 있다. 신전 내부에는 높이 10m가 넘는 돌기둥 '열주'들이 빼곡히 들어서 있다. 이 열주들은 단순히 건물을 받치는 기둥이 아니라 하늘과 땅을 잇는 축으로 왕권과 신을 연결하고 빛

● 룩소르 카르나크 신전

● 룩소르 신전에 새겨진 상형문자

과 어둠의 조화를 상징하는 예술적 결정체다. 기둥 윗부분은 파피루스, 연꽃, 야자수 등 이집트의 식물들을 형상화해 화려함을 더했다. 밤이 되면 이곳에서는 신비로운 '빛과 소리의 쇼'가 펼쳐져 관광객들의 상상력을 자극한다.

나일강가에 인접한 룩소르 신전은 카르나크 신전보다 규모는 작지만 더 정교하고 아름답기로 정평이 나 있다. 신전 입구에는 스핑크스상이 도열한 '스핑크스 대로'와 하늘을 찌를 듯한 오벨리스크가 서 있다. 원래 정문에는 두 개의 오벨리스크가 있었으나 그중 하나는 19세기 이집트 군주 알리가 프랑스에 기증했다. 현재 파리 콩코드 광장 중심에 서 있는 고층 비석이 바로 이곳 룩소르에서 옮겨진 것이다.

'20세기의 피라미드' 아스완댐과 아부심벨

이집트 최남단의 도시 아스완은 람세스 2세가 거대한 바위산을 깎아 만든 아부심벨*Abu Simbel* 신전으로 유명하다. 아스완 하이 댐 건설로 수몰될 위기에 처했던 이 신전은 유네스코와 국제사회의 헌신적인 도움으로 원형 그대로 더 높은 지대로 이전되는 기적을 맞이했다.

이집트에서 '20세기 피라미드 건설'이라 불릴 만큼 방대한 규모였던 아스완 하이 댐 사업은 세계 최대의 인공호수를 만

아스완 필레 신전

아부심벨 람세스2세 조각상

들어냈다. 하지만 이 과정에서 그 주변 일대는 나일강물에 잠기고, 하류의 수량은 줄고 염도가 높아지면서 일대에 서식하던 나일강 악어들이 멸종하는 생태적 변화를 겪기도 했다.

아부심벨과 더불어 아질키아 섬에 위치한 필레 신전 또한 아스완의 명소다. 이 신전도 댐 건설 이후 섬이 잠기면서 이제는 배를 타고 가야만 볼 수 있는 신비로운 장소가 되었다.

이집트 동북부에 자리한 시나이반도는 기독교 신자들에게는 일생에 꼭 한번 방문하고 싶은 성지로 명성이 난 곳이다. 구약성경 출애굽기의 주 무대가 바로 이곳이기 때문이다. '이집트를 탈출한다'는 의미의 '출애굽기'라는 제목 자체가 이 땅의 역사를 품고 있다.

붉게 빛나는 성산, 시나이산의 일출

모세를 따라 가나안 땅으로 향하던 히브리인 집단이 머물렀던 곳이자 모세가 하나님으로부터 십계명을 받았다는 시나이반도는 이집트 북동쪽 홍해 끝자락에 위치한다. 시나이반도 중 남부에 걸쳐 있는 시나이산의 풍경은 우리나라 산과는 확연히 다르다. 나무 한 그루 없이 거대한 암석과 흙더미로 이루어진 절벽이 우뚝 솟은 모습은 삭막하기 그지없다. 하지만 낮 동안 붉게 빛나던 산이 저녁 노을을 배경으로 물들 때면 오묘한 기운을 자아내며 진정한 '붉은 산'으로 변모한다.

지금은 치안이 다소 불안정하여 적극적으로 권장하지는 않지만 과거 시나이산 등정은 성지 순례객들 사이에서 꼭 거쳐야 할 체험으로 손꼽혔다. 시나이산 꼭대기에서 보는 일출이 워낙 압도적인 데다 모세가 하나님으로부터 십계명을 받았다는 성경 속 일화와 맞물리면서 그 어떤 고난을 감수하고라도 꼭 경험해 봐야 할 최고의 '추천 코스'로 통했기 때문이다.

베두인의 전통과 성 카타리나 수도원

시나이반도 내륙에는 유목민인 베두인족이 살고 있다. 이들은 시나이산을 매우 신성하게 여기기에 산을 배경으로 사진이나 동영상을 촬영하는 것을 꺼리는 경향이 있다. 외국인의 촬영을 물리적으로 막지는 않지만 현지 주민들의 정서를 존중하는 분위기도 존재한다.

시나이산 기슭에는 527년 비잔틴 황제 유스티니아누스 1세가 기존 성지를 중심으로 건립한 '성 카타리나 수도원*Saint Catherine's Monastery*'이 있다. 영어 표기명에 따라 '캐서린 수도원'이라 불리기도 한다. 4세기 초 알렉산드리아에서 순교한 성녀 카타리나의 이름에서 유래한 이곳은 세계에서 가장 오래된 수도원 중 하나로 수많은 종교 예배 관련 예술 작품과 희귀 기록물을 소장하고 있다.

치안 위기에도 이어지는 시나이산 순례의 발길

시나이반도는 2011년 '아랍의 봄' 이후 치안이 불안해지기도 했다. 한때 이슬람 무장조직 IS의 지부가 활동하며 한국인

● 시나이산에 있는 캐서린 세인트 수도원

을 포함한 외국인들이 인명 피해를 보는 안타까운 사건이 발생하기도 했다. 이집트 치안이 비교적 안정적이었던 2000년대 초반만 해도 성수기에는 한달에 수천 명 안팎의 한국인 성지순례객이 찾을 정도로 열기가 뜨거웠다. 이곳을 들른 방문객들은 대개 육로 국경을 통해 이스라엘로 넘어가 성지순례 여정을 이어가고는 했다.

홍해의 진주, 샤름엘셰이크와 다합

성지의 경건함에서 조금만 남쪽 끝으로 내려오면 고급 리조트와 호텔이 즐비한 휴양도시 '샤름엘셰이크*Sharm El Sheikh*'가 있다. 이곳 바닷가에서는 늦가을까지 온화한 기후와 따뜻한 햇살을 즐길 수 있어 유럽과 러시아 관광객들에게 인기가 높다.

샤름엘셰이크에서 북동쪽으로 조금 더 올라가면 해양 스포츠의 천국 '다합*Dahab*'이 나온다. 바닷물이 맑아 가시거리가 무려 50m에 달하며 수온도 따뜻해 스노클링, 스쿠버다이빙, 워터보트 등을 즐기기에 최적의 조건을 갖추고 있다. 성지의 엄숙함과 홍해의 에메랄드빛 낭만이 공존하는 곳, 그것이 바로 시나이반도의 진면목이다.

이집트에서는 영화 속에서나 보던 끝없이 펼쳐진 고운 모래 사막을 직접 마주할 수 있다. 바람 한 점 없는 사막 한가운데 서 있으면 마치 지구를 떠나 이름 모를 외딴 혹성에 불시착한 듯한 착각마저 불러일으킨다. 달조차 뜨지 않는 밤하늘에는 셀 수 없이 많은 별이 쏟아져 내리고 사람을 무서워하지 않는 작은 야생 여우가 주위를 배회하는 모습도 심심치 않게 눈에 띈다.

황금빛 모래의 바다, 시와 사막

비단처럼 고운 모래 위에서 썰매를 타고 발자국 하나 없는

설원 같은 사막에 나만의 흔적을 남기며 사진을 찍고 싶다면 이집트 서부의 '시와 사막'이 제격이다. 시와 오아시스 일대를 일컫는 이곳은 카이로에서 직선거리로 연결된 도로가 없어 길 찾기가 긴 여정의 시작이다. 북쪽 지중해 해안을 따라 서쪽으로 달린 뒤 다시 남쪽으로 내려가야 해서 카이로에서 약 $1,000km$를 달리고서야 비로소 그 모습을 볼 수 있다. 나일강에서 멀리 떨어진 것은 물론 리비아 국경과도 불과 $100km$밖에 떨어지지 않은 은둔의 땅이다.

이 먼 길 끝에는 따뜻한 온천수와 작은 물고기들이 노니는 시원한 연못이 기다리고 있어 사막 속 물놀이라는 이색적인 경험을 할 수 있다. 사막 한복판이라고 믿기지 않을 만큼 거대

254

한 오아시스 덕분에 대추야자와 올리브 나무는 물론 각종 곡식과 과일이 풍성하게 자라난다. 시와 마을 근처에는 클레오파트라가 몸을 담갔다고 전해지는 '클레오파트라 광천*Cleopatra's Spring*'을 비롯해 아문 신전, 오라클 신전 등 유서 깊은 유적지도 함께 둘러볼 수 있다.

흑과 백의 향연, 바흐리야 사막

시와 사막이 황금빛 고운 모래의 전형을 보여준다면 카이로 남서쪽에 위치한 '바흐리야*Bahriya* 사막'은 그야말로 형형색색의 경이로운 풍경을 자아낸다. 사막의 지질과 색깔에 따라 검은 사막, 크리스탈 사막, 돌꽃, 그리고 눈이 내린 듯 눈부신 하얀 사막이 마법처럼 순차적으로 펼쳐진다.

공기가 맑고 하늘이 깨끗한 사막 지대에서는 옛 시골에서나 볼 수 있었던 선명한 은하수를 바라보며 야외 캠핑을 즐길 수 있다. 현지 유목민인 베두인족들이 운영하는 캠핑 프로그램은 관광객들에게 인기가 높다. 사막 한가운데 모닥불을 피워놓고 그들이 직접 구워주는 양고기나 닭고기 바비큐를 맛보며 자연과 호흡하는 시간은 카이로의 복잡한 도심을 완전히 잊게 해준다. 여유롭고 고요한 대자연의 품을 경험하고 싶다면 시와와 바흐리야 사막은 여정의 종착지이자 최고의 선택이 될 수 있다.

함께 생각하고 토론하기

이집트의 최대 도시인 카이로와 지중해의 관문 알렉산드리아는 세계적으로 이름난 역사적 가치를 지닌 곳이자 이집트의 정치·경제·관광을 이끄는 핵심 중심지입니다. 하지만 도시가 눈부시게 발전해 온 만큼 인구와 상업 시설이 지나치게 집중되면서 여러 사회적 부작용도 낳고 있습니다. 현재 이집트 정부는 이러한 문제를 해결하기 위해 인구 분산과 지방 활성화라는 거대한 프로젝트를 추진 중입니다. 다음 질문을 통해 우리 사회의 현실과 비교해 보며 토론해 봅시다.

● 이집트는 카이로에 집중된 인구를 분산하기 위해 현재 카이로 동쪽 사막 지역에 대규모 '신행정 수도'를 건설하고 있습니다. 이미 일부 정부 청사는 이전을 완료했으며 세계 각국 대사관 역시 이전을 추진 중입니다. 인구 과밀을 해결하기 위한 '신행정 수도' 정책이 우리나라의 상황(수도권 집중 현상 등)에도 유효한 해결책이 될 수 있다고 생각하나요? 신행정 수도 건설이 가져올 수 있는 경제적·사회적 장점과 반대로 예상되는 환경적·재정적 단점은 무엇인지 구체적으로 서술해 봅시다.

이집트에서 관광 산업은 외화 수입과 일자리 창출에 지대한 영향을 미치는 국가 기간산업입니다. 카이로뿐만 아니라 알렉산드리아 역시 수많은 관광객이 몰려드는 대표적인 도시입니다. 하지만 최근 스페인 등 일부 국가에서는 관광객 급증으로 인해 물가와 집세가 치솟고 주거 환경이 악화되자 지역 주민들이 '관광객은 돌아가라'며 반대 시위를 벌이는 현상이 나타나고 있습니다.

● 이런 상황에서 경제 활성화를 위해 관광 산업을 더욱 적극적으로 추진하는 게 맞을까요? 만약 추진한다면 지역 주민의 삶의 질을 해치지 않으면서도 관광업을 발전시킬 수 있는 방안은 무엇일까요? 여러분이 정책 입안자라면 국내의 특정 도시(경주, 전주, 제주 등)를 선정해 어떤 방식의 지원책을 펼치고 싶은지 의견을 나누어 봅시다.

다시 떠난 회귀 여행, 그 끝에서 마주한 이집트

이집트에서 한국으로 돌아온 지 어느덧 7년이라는 세월이 흘렀다. 하지만 이 책을 집필하는 동안 나는 다시금 과거로 떠나는 '회귀 여행'을 하는 기분이었다. 고대 문명의 신비부터 2011년 '아랍의 봄'이라는 격동의 현장까지 흩어져 있던 기억의 파편들을 하나하나 끄집어내어 정신을 집중해 글로 옮겼다. 6년 반 동안 이집트에 체류하며 기록했던 수천 장의 사진을 다시 들춰보는 과정은 이집트와 맺은 오랜 인연을 가슴 깊이 되새기는 소중한 시간이었다.

되돌아보니 이집트는 내 인생을 깊이 성찰하게 했으며 평생 잊지 못할 이색적인 경험을 선사해 준 고마운 나라였다. '중동의 핵심 국가'로서 무궁무진한 발전 가능성과 잠재력을 품고 있으면서도 한편으로는 우리의 기대만큼 변화가 쉽지 않을 것 같다는 '이중적인 국가'의 면모를 지닌 곳. 이것이 내가 현장에서 느낀 솔직한 소회다. 그럼에도 이집트가 가진 그 거대한 잠

재력만큼은 반드시 꽃을 피워내길 바라는 간절한 기대감 또한
여전히 내 마음 한구석에 자리 잡고 있다.

하나의 책은 개인의 노력만으로 완성되는 것이 아니라 '집
단 지성'의 산물이라는 점을 이번 집필 과정을 통해 다시 한
번 깨달았다. 원고의 크고 작은 오류를 잡아내고 수정과 보완
을 도와주신 모든 분께 진심으로 감사의 인사를 전하고 싶다.

먼저 이집트 특파원 시절의 인연으로 책 출간에 아낌없는
지원을 해주신 김영소 전 이집트 대사님과 박태영 전 이집트
공사님(현 네팔 대사)께 감사드린다. 두 분은 글의 큰 흐름과 핵
심을 짚어주며 이 책이 세상에 나오기까지 든든한 버팀목이
되어주셨다.

특히 외교가에서 중동 및 이집트 전문가로 정평이 난 정선
미 아프리카중동국 과장님과 한새롬 숙명여대 정치외교학과
교수님의 꼼꼼하고 날카로운 조언은 책의 완결성을 높이는 데
결정적인 도움이 되었다. 또한 놓치기 쉬운 세밀한 부분을 짚
어주고 시각적 이미지까지 지원해 주신 고재명 국립외교원 교
수부장님, 그리고 책 곳곳에 생동감을 불어넣는 뛰어난 그래
픽을 제작해 독자들에게 훌륭한 시각 자료를 제공해 준 회사
동기 박영석 그래픽뉴스부장에게도 깊은 감사를 표한다. 마지
막으로 이집트에 대한 기억을 공유하며 끊임없이 영감을 불어
넣어 주는 든든한 우군 엄채영, 승호, 예진에게도 고맙다는 말
을 전하고 싶다.

<h1 style="text-align:center">참고 문헌 및 사진 출처</h1>

참고 문헌

- 이집트 역사 100장면, 손주영.송경근, 가람기획, 2001
- 이집트 역사 다이제스트100, 손주영.송경근, 가람기획, 2009
- 이집트 개황, 외교부, 마스터, 2004
- 고고학자와 함께하는 이집트 역사기행, 요시무라 사쿠지, 서해문집, 2002
- 국별편람 이집트, 최재훈, 한국국제협력단, 2004
- 유물로 읽는 이집트 문명, 김문환, 지성사, 2016
- 이집트의 재발견, 윤여철, 박영스토리, 2020
- 중동현대사, 후지무라 신, 소화, 2007
- IS는 왜, 한상용.최재훈, 서해문집, 2016
- INSIGHT GUIDES CAIRO, DISCOVERY CHANNEL, 1991
- INSIGHT GUIDES THE NILE, DISCOVERY CHANNEL, 1991
- 이집트의 유혹, 이태원, 기파랑, 2009
- 세계를 간다 지중해 그리스터키이집트, 랜덤하우스, 2007
- EGYPT, EDITORIAL FISA ESCUDO DE ORO, 2008
- https://www.yna.co.kr/view/AKR20160817003800079
- https://www.yna.co.kr/view/AKR20160912176000079
- https://www.yna.co.kr/view/AKR20250217109600898
- https://en.wikipedia.org/wiki/Henry_Morton_Stanley?utm_source=chatgpt.com
- https://www.weforum.org/stories/2021/03/the-suez-canal-in-numbers/?utm_source=chatgpt.com
- https://www.eia.gov/todayinenergy/detail.php?id=40152&utm_source=chatgpt.com
- https://data.worldbank.org/indicator/NY.GDP.PCAP.CD?locations=KR&utm_source=chatgpt.com
- https://dl.kotra.or.kr/pyxis-api/2/digital-files/c16960ef-e698-018a-e053-b46464899664?utm_source=chatgpt.com

사진 출처

- 무함마드 나기브 https://commons.wikimedia.org/wiki/File:Muhammad_Naguib_(cropped).jpg
- 무함마드 무르시 https://commons.wikimedia.org/wiki/Mohamed_Morsi?utm_source=chatgpt.com
- 아흐메드 즈웨일 https://commons.wikimedia.org/wiki/File:Ahmed_Zewail_HD2009_Othmer_Gold_Medal_portrait.JPG
- 모하메드 엘바라데이 https://upload.wikimedia.org/wikipedia/commons/b/b9/

Mohamed_ElBaradei.jpg

- 피라미드   https://www.pexels.com/photo/gray-pyramid-on-dessert-under-blue-sky-71241/
- 나일강   https://www.pexels.com/photo/boats-in-harbor-at-sunset-5727263/
- 파라오   https://www.pexels.com/photo/close-up-photo-of-pharaoh-figurine-1334897/
- 나기브 마흐푸즈   https://chatgpt.com/c/6871f774-9848-8000-a18f-3f91f525934a
- 이집트 청년   https://www.pexels.com/photo/three-youths-in-cairo-s-urban-streets-30582004/
- 아스완 나일강   https://www.pexels.com/photo/white-sail-boat-on-water-7566888/
- 나일강 크루즈   https://www.pexels.com/photo/ferry-on-nile-river-20506675/
- 나일강 탐험기   https://www.pexels.com/photo/a-sailboat-on-the-nile-river-19820463/
- 이집트 교두보 지도   https://www.pexels.com/photo/egypt-seen-on-a-world-map-8828601/
- 이집트 국기   https://eg.mofa.go.kr/eg-ko/wpge/m_11514/contents.do
- 피라미드 올라가는 데 걸리는 시간은   https://www.pexels.com/photo/traveler-standing-on-stone-monument-in-desert-4356137/
- 이집트인은 아랍 민족   https://www.pexels.com/photo/photo-of-person-wearing-hijab-3889908/
- 아랍어 표기 상품들   https://www.pexels.com/photo/vintage-egyptian-market-with-antique-signs-30585958/
- 호스니 무바라크 전 대통령 사진   https://www.presidency.eg/en/%D8%A7%D9%84%D8%B1%D8%A6%D8%A7%D8%B3%D8%A9/%D8%A7%D9%84%D8%B1%D8%A4%D8%B3%D8%A7%D8%A1-%D8%A7%D9%84%D8%B3%D8%A7%D8%A8%D9%82%D9%88%D9%86/
- 이집트 최고헌법재판소   https://beta.sis.gov.eg/en/egypt/political-system/judicial-authority/the-supreme-constitutional-court/
- 이집트 정부 홈페이지에 실린 인공기와 이집트기   https://beta.sis.gov.eg/ar/%D8%B9%D9%84%D8%A7%D9%82%D8%A7%D8%AA-%D8%AF%D9%88%D9%84%D9%8A%D8%A9/%D8%B9%D9%84%D8%A7%D9%82%D8%A7%D8%AA-%D8%AB%D9%86%D8%A7%D8%A6%D9%8A%D8%A9/%D9%83%D9%88%D8%B1%D9%8A%D8%A7-%D8%A7%D9%84%D8%B4%D9%85%D8%A7%D9%84%D9%8A%D8%A9/?utm_source=chatgpt.com
- 카이로에서 열린 외교장관 회의   https://www.mfa.gov.eg/ar/Ministers/Details/ForeignMinisterMeetings/755#lg=1&slide=2
- 알아즈하르에 있는 모스크   https://www.pexels.com/photo/al-azhar-mosque-in-cairo-18991579/
- 수니파 이슬람 사회   https://www.pexels.com/photo/people-walking-on-street-in-old-town-17721301/
- 이집트 카이로 시내 학생들   https://www.pexels.com/photo/a-group-of-boys-

standing-in-front-of-a-graffiti-wall-27520732/

- 이집트 국기 펼쳐든 축구팬 https://www.pexels.com/photo/smiling-men-with-flag-of-egypt-at-stadium-19876133/
- 이집트스쿼시연맹 홈페이지 https://egyptiansquash.com/
- 오마 샤리프 https://commons.wikimedia.org/wiki/File%3AOmar_Sharif_1963.JPG?utm_source=chatgpt.com
- 무함마드 살라 https://commons.wikimedia.org/wiki/File:Mohamed_salah_2018.jpg
- 안와르 사다트 https://commons.wikimedia.org/wiki/File:Sadat_1.jpg
- 움 쿨숨 https://commons.wikimedia.org/wiki/File:Umm_Kulthum_2.jpg
- 이집트 청년 https://www.pexels.com/photo/photo-of-woman-standing-in-front-of-graffiti-wall-2295606/
- 이집트 청년 https://www.pexels.com/photo/smiling-man-in-a-shawl-sitting-in-a-carriage-pulled-by-a-horse-14529365/
- 이집트 관광 산업 https://www.pexels.com/photo/people-walking-3243027/
- 이집트 화폐 앞면 1파운드 https://www.worldbanknotescoins.com/2015/06/egypt-1-pound-banknote-1967-pharaoh-tutankhamun.html
- 이집트 화폐 뒷면 1파운드 https://www.worldbanknotescoins.com/2015/06/egypt-1-pound-banknote-1967-pharaoh-tutankhamun.html
- 이집트 마이크로버스 https://www.pexels.com/photo/bustling-street-scene-in-cairo-egypt-31598267/
- 이집트 고대사 스핑크스 https://www.pexels.com/photo/great-sphinx-of-giza-under-blue-starry-sky-262780/
- 임호테프 조각상 https://chatgpt.com/c/68847932-4018-832a-86a5-5a57a7ea7fae
- 투탕카멘 황금 가면 https://www.pexels.com/photo/gold-tutankhamun-statue-33571/
- 아부심벨 람세스2세 조각상 https://www.pexels.com/photo/statues-at-abu-simbel-temple-egypt-30468560/
- 알렉산더 대왕 조각상 https://www.goodfreephotos.com/egypt/alexandria/alexander-the-great-in-alexandria-egypt.jpg.php
- 모세 이미지 https://pixabay.com/illustrations/ai-generated-moses-red-sea-parting-8374790/
- 이집트에 온 나폴레옹 https://discover.hubpages.com/education/Napoleon-in-Egypt-Part-2
- 가말 압델 나세르 전 이집트 대통령 https://fineartamerica.com/featured/premier-gamal-abdel-nasser-portrait-everett.html
- 3차 중동전쟁서 이집트-이스라엘 충돌 https://picryl.com/media/clashes-between-israeli-and-egyptian-forces-during-the-six-day-war-0eb653
- 압델 파타 알시시 이집트 대통령 https://commons.wikimedia.org/wiki/File:Abdel_Fattah_el-Sisi.jpg
- 이집트 비둘기 요리 https://www.internationalcuisine.com/egypt-squab/?utm_source=chatgpt.com

• 이집트 국민 요리 코샤리   https://www.chocolatesandchai.com/egyptian-koshari-koshary-recipe/
• 이집트 국민 빵 에이쉬   https://www.pexels.com/photo/freshy-baked-bread-on-a-rack-9824446/
• 이집트 티 문화   https://www.pexels.com/photo/close-up-of-a-cup-of-tea-on-a-table-on-the-background-of-a-bazaar-18991515/
• 카이로의 한 교회 건물   https://www.pexels.com/photo/st-georges-church-in-cairo-15362321/
• 이집트 갈라베야 복장1   https://www.pexels.com/photo/a-man-in-a-green-robe-stands-in-front-of-a-doorway-19820377/
• 이집트 카페 풍경   https://www.pexels.com/photo/cafe-27520642/
• 이집트 결혼 풍경   https://www.pexels.com/photo/elegant-wedding-ceremony-in-ismailia-egypt-31629931/
• 이집트 전통 악기 연주   https://www.pexels.com/photo/artistic-portrait-of-musician-playing-oud-in-egypt-29899712/
• 알렉산드리아 도서관   https://www.goodfreephotos.com/albums/egypt/alexandria/new-library-of-alexadria-egypt.jpg
• 시나이반도 캐서린 수도원   https://mail.tripsinegypt.com/blog/egypt-attractions/sinai-attractions/monastery-of-saint-catherine/
• 이집트 사막   https://www.pexels.com/photo/green-grasses-on-sahara-desert-1001435/
• https://www.egyptdaytrips.com/blog/travel-tips-for-egypt/cairo-shopping-guide
• 오마 샤리프 https://upload.wikimedia.org/wikipedia/commons/4/43/Omar_Sharif_2015.jpg
• 이집트 시내 풍경   https://unsplash.com/ko/%EC%82%AC%EC%A7%84/%EC%98%A5%EC%83%81%EC%97%90%EC%84%9C-%EB%B0%94%EB%9D%BC%EB%B3%B8-%EB%8F%84%EC%8B%9C-%ED%92%8D%EA%B2%BD-9_N0P6kvTNQ
• 마흐쉬   https://chatgpt.com/c/697e9c14-ec94-83a2-a274-5407fcf7818c
• 샤와르마   https://pixabay.com/photos/wrap-burrito-shawarma-lunch-meal-7061741/
• 카르투쉬   https://pixabay.com/photos/tutankhamun-egypt-pyramids-7847141/
• 마슈라비아   https://unsplash.com/ko/%EC%82%AC%EC%A7%84/%EC%98%86%EC%97%90-%EC%8B%9C%EA%B3%84%EA%B0%80-%EC%9E%88%EB%8A%94-%EB%86%92%EC%9D%80-%EB%AA%A9%EC%A1%B0-%EA%B1%B4%EB%AC%BC-8gd3gSAnxIo
• 이집트 카이로 지하철 내부   https://www.pexels.com/photo/underground-metro-station-in-cairo-egypt-32400617/

※ 출처가 기재되지 않은 사진은 저자가 직접 촬영한 사진이거나
   저작권자의 허락을 받은 사진입니다.

나의 첫 다문화 수업 20

있는 그대로 이집트

초판 1쇄 발행 2025년 3월 10일

지은이 한상용

펴낸이 윤주용
편집 도은주, 류정화 | 마케팅 조명구 | 홍보 박미나
표지 일러스트 엄지 | 지도·인포그래픽 박영석

펴낸곳 초록비책공방
출판등록 2013년 4월 25일 제2013-000130
주소 서울시 마포구 동교로27길 53 308호
전화 0505-566-5522 | 팩스 02-6008-1777

메일 greenrainbooks@naver.com
인스타 @greenrainbooks @greenrain_1318
블로그 http://blog.naver.com/greenrainbooks

ISBN 979-11-24126-19-6(03910)

어려운 것은 쉽게, 쉬운 것은 깊게, 깊은 것은 유쾌하게

초록비책공방은 여러분의 소중한 의견을 기다리고 있습니다.
원고 투고, 오탈자 제보, 제휴 제안은 greenrainbooks@naver.com으로 보내주세요.